学生运动能力国家标准
解读丛书

U0652835

《排舞课程学生运动能力测评规范》
解读

于素梅　唐　萍　王焱源　等　编著

教育科学出版社
·北京·

主　编　于素梅　唐　萍　王焱源

副主编　司亚莉　杨　焱　周彦宏　汤　静

参　编　李雪琪　张婉玥　朱舸明　潘万东　皮　欢　沈金花　程　蕾　臧　婕
　　　　左而非　陆卓莉　黄广懿

出 版 人　郑豪杰

项目统筹　梁祎明

责任编辑　张睿洁

版式设计　思瑞博　王　辉　李　顺

责任校对　贾静芳

责任印制　叶小峰

图书在版编目（CIP）数据

《排舞课程学生运动能力测评规范》解读 / 于素梅
等编著 . -- 北京：教育科学出版社，2025. 3.
（学生运动能力国家标准解读丛书）. -- ISBN 978-7
-5191-4336-7

Ⅰ . G831.3-65

中国国家版本馆 CIP 数据核字第 2025Y7H130 号

《排舞课程学生运动能力测评规范》解读
《 PAIWU KECHENG XUESHENG YUNDONG NENGLI CEPING GUIFAN 》JIEDU

出 版 发 行	教育科学出版社			
社　　　址	北京 · 朝阳区安慧北里安园甲9号		邮　　编	100101
总编室电话	010-64981290		编辑部电话	010-64989520
出版部电话	010-64989487		市场部电话	010-64989035
传　　　真	010-64891796		网　　址	http://www.esph.com.cn
经　　　销	各地新华书店			
制　　　作	北京思瑞博企业策划有限公司			
印　　　刷	河北巴彩丰包装制品有限公司			
开　　　本	787毫米×1092毫米　1/16		版　　次	2025年3月第1版
印　　　张	5		印　　次	2025年3月第1次印刷
字　　　数	69千		定　　价	40.00元

前　言

随着教育强国、体育强国建设的不断推进，体育课程改革日益深化，体育育人目标也聚焦在以运动能力、健康行为和体育品德为表现的核心素养的培育上。建立标准，不仅能够及时测评学生运动能力，了解学生运动能力水平，衡量体育核心素养培育成效，也是落实中共中央办公厅、国务院办公厅《关于全面加强和改进新时代学校体育工作的意见》，国家体育总局、教育部《关于深化体教融合 促进青少年健康发展的意见》等的重要保障，并能为体育学业质量评价、体育教育质量监测、学生运动水平认证等提供直接依据。

为更好地贯彻落实《义务教育体育与健康课程标准（2022 年版）》和国家相关政策要求，依据新课标提出的"运动能力主要体现在基本运动技能、体能、专项运动技能的掌握与运用"和《〈体育与健康〉教学改革指导纲要（试行）》提出的"专项运动能力评价可依据专项运动技能学习结构化内容确定评价内容，特别要注重对学生运用知识的能力以及比赛能力的评价"，研制了《排舞课程学生运动能力测评规范》国家标准（以下简称"排舞标准"），以期为更规范、科学、系统地评价学生排舞运动能力提供可靠依据和可操作的方法，为促进学生体育核心素养的培育发挥支撑作用。

"排舞标准"于 2024 年 5 月 28 日，由国家市场监督管理总局、国家标准化管理委员会批准发布。为进一步促进该标准的推广和应用，更好地服务于体育教学改革、体育教育质量监测等教育教学与评价工作，标准研制团队又编写了《〈排舞课程学生运动能力测评规范〉解读》。本书深度解析标准研制依据，精准把握标准测评内容，生动展示标准测评方法，提供权威标准测评工具，可作为"排舞标准"培训权威指导用书。

于素梅

中国教育科学研究院体育美育教育研究所

目 录

第一章
《排舞课程学生运动能力测评规范》概述

一、基本内容

（一）结构与主要内容

"排舞标准"从范围、规范性引用文件、术语和定义、等级划分与达标要求以及运动能力测评 5 个部分进行了描述。（表 1-1）

表 1-1 《排舞课程学生运动能力测评规范》结构与主要内容

基本框架	规定内容	具体内容
范围	规定本标准的适用范围	适用于对小学、初中、高中、大学各学段学生排舞运动能力的测评
规范性引用文件	标注本文件引用的规范性引用文件	本文件没有规范性引用文件
术语和定义	界定标准主要涉及的术语和定义（全文出现 2 次及以上）	15 条术语及其基本概念，包括排舞课程学生运动能力、舞步、爵士盒步、藤转、弦子步、兜风步、螺旋转、升降起伏类、律动类、平滑类、古巴类、舞台类、街舞类、民族类、曳步舞类
等级划分与达标要求	明确测评等级划分和各等级达标要求	1.等级划分：6 个等级（一级到六级）；2.各等级达标要求：测评内容、观测点、合格要求、达标要求
运动能力测评	规定各等级测评方法	各等级测评场地器材、测评员工作、受测者测试步骤

（二）术语和定义

3.1

排舞课程学生运动能力   student's athletic ability of Line Dance course

学生在排舞课程学练赛活动中形成的，跟随音乐应用舞步和多元舞种风格在展示或比赛中完成特定任务的综合表现。

3.2

舞步　dance steps

构成排舞套路的基本动作单元。

3.3

爵士盒步　jazz box

由 4 拍构成的、动作轨迹为方形的舞步。

3.4

藤转　rolling vine

由 4 拍构成的、包含 3 次连续转体的舞步。

3.5

弦子步　string step

由 4 拍构成的、有明显藏族舞风格的舞步。

3.6

兜风步　cruising

由 8 拍构成的、包含 3 次转体的舞步。

3.7

螺旋转　spiral turn

由 2 拍构成的、1 拍完成 $360°$ 转体的舞步。

3.8

升降起伏类　rise and fall

运用升降和摆荡动作,强调重心升降的华尔兹、维也纳华尔兹、狐步舞、快步舞类的舞蹈总称。

3.9

律动类　pulse

运用脉冲,强调重心律动的波尔卡、东海岸摇摆、牛仔、桑巴类的舞蹈总称。

3.10

平滑类　smooth

动作平滑流畅,强调重心平移的西海岸摇摆、探戈等类的舞蹈总称。

3.11

古巴类　cuban

强调髋部运动的恰恰、伦巴、曼波类的舞蹈总称。

3.12

舞台类　stage

展示步法和身体动作的现代、抒情、芭蕾类的舞蹈总称。

3.13

街舞类　street

强调手臂和腿部屈伸,既可以各关节单独运动又可以全身协调运动的嘻哈舞、霹雳舞、机械舞、爵士舞、锁舞类的舞蹈总称。

3.14

民族类　folk dance

中国民族民间舞蹈总称。

3.15

曳步舞类　shuffle dance

以舞步变化为主要内容,动作快速有力,强调脚步动作类的舞蹈总称。

解 读

1 "排舞标准"涉及的术语和定义

（1）排舞课程学生运动能力是学生学会排舞项目，并运用排舞技术技能开展健身活动、增强体质、提高专项技术水平、提升心理素质、提高社会适应性等的综合表现。

（2）舞步是排舞的基本动作，是构成排舞套路必不可少的元素，每个排舞套路都要有至少4个舞步，在展示中，舞步的准确性和灵活性也非常重要。

（3）爵士盒步是由4拍构成的舞步，动作轨迹呈方形，重心转换明显，可用于多种风格的套路中，在本标准中属于一级水平测试舞步。

（4）藤转是由4拍构成的舞步，运动轨迹为直线，重心转换明显，有3次连续的转体，转体角度有明确的规定。藤转可用于多种风格的套路中，在本标准中属于三级水平测试舞步。

（5）弦子步是由4拍构成的舞步，是藏族舞中的典型舞步，强调膝盖松弛、有规律的屈伸，在本标准中属于四级水平测试舞步。

（6）兜风步是由8拍构成的舞步，包含3次转体，转体角度有明确的规定，在本标准中属于五级水平测试舞步。

（7）螺旋转是由2拍构成的舞步，其难度在于运用1拍完成360°转体，要求转体角度准确且身体平衡稳定，在本标准中属于六级水平测试舞步。

（8）升降起伏类是排舞八大类中的一种，是运用升降和摆荡动作，强调重心升降，跟随音乐旋律完成风格展示的一类舞蹈的总称。主要风格有华尔兹、维也纳华尔兹、狐步舞、快步舞等，在本标准中属于六级水平测试套路。

（9）律动类是排舞八大类中的一种，是运用脉冲，强调重心律动，跟随音乐旋律完成风格展示的一类舞蹈的总称。主要风格有波尔卡、东海岸摇摆、牛仔、桑巴等，在本标准中属于三级水平测试套路。

（10）平滑类是排舞八大类中的一种，强调重心平移，动作平滑流畅，跟随音乐旋律完成风格展示的一类舞蹈的总称，主要风格有西海岸摇摆、探戈等，在本标准中属于五级水平测试套路。

（11）古巴类是排舞八大类中的一种，强调髋部摆绕运动以及脚步移动中的重心转移，主要风格有恰恰、伦巴、曼波等，在本标准中属于四级水平测试套路。

（12）舞台类是排舞八大类中的一种，主要风格包括现代、抒情、芭蕾等，在本标准中属于一级水平测试套路。

（13）街舞类是排舞八大类中的一种，强调手臂和腿部屈伸，既可以各关节单独运动，又可以全身协调运动，主要风格包括嘻哈舞、霹雳舞、机械舞、爵士舞、锁舞等，在本标准中属于五级水平测试套路。

（14）民族类是排舞八大类中的一种，是包括藏族、蒙古族、傣族、羌族、彝族、汉族等中国民族民间舞蹈的总称，是排舞在中国发展、孕育出的特有的种类，在本标准中属于四级水平测试套路。

（15）曳步舞类是排舞八大类中的一种，是以舞步快速变化为主要内容，动作快速有力，强调脚步动作的舞蹈的总称，是排舞在中国发展、变化出的特有的种类，在本标准中属于二级水平测试套路。

② 术语的选择和所在等级

本文件出现的 15 个术语在文件中均出现两次以上，同时也是排舞项目中有代表性的、能和其他项目有效区别的术语。例如：舞台类、曳步舞类、律动类、古巴类、民族类、平滑类、街舞类和升降起伏类代表了排舞项目中八类不同的舞蹈，每一类还包含不同的风格。舞步是所有套路构成的基本单元。兜风步和爵士盒步是典型的排舞代表性舞步，藤转和螺旋转则是排舞项目中有代表性的转体舞步，弦子步是民族类排舞中藏族风格舞蹈的常用舞步。

以上术语按以下等级划分：舞台类、爵士盒步为一级，曳步舞类为二级，律动类和藤转为三级，古巴类、民族类和弦子步为四级，平滑类、街舞类和兜风步为五级，升降起伏类和螺旋转为六级。

（三）等级划分与测评内容

排舞课程学生运动能力按照难度进阶，划分为 6 个等级，一级、二级为夯实基础，难度相对较低；三级、四级为提高能力，难度有所提高；五级、六级为发展特长，难度按专项化程度设定。

"排舞标准"按照一级到六级能力进阶的原则，设计了各等级对应的测评内容，解读中补充了每个等级的能力要求。（表 1-2）

表 1-2　排舞课程学生运动能力测评内容与能力要求

等级	测评内容		能力要求
一级	单个技能	摇椅步	受测者达到一级应具有摇椅步、爵士盒步以及舞台类风格套路掌握与运用的能力
		爵士盒步	
	套路	舞台类风格套路	
二级	单个技能	奔跑步	受测者达到二级应具有奔跑步、侧滑步以及曳步舞类风格套路掌握与运用的能力
		侧滑步	
	套路	曳步舞类风格套路	
三级	单个技能	踢换脚	受测者达到三级应具有踢换脚、藤转以及律动类风格套路掌握与运用的能力
		藤转	
	套路	律动类风格套路	
四级	单个技能	伦巴盒步	受测者达到四级应具有伦巴盒步、弦子步以及民族类、古巴类风格套路掌握与运用的能力
		弦子步	
	套路	民族类风格套路	
		古巴类风格套路	
五级	单个技能	兜风步	受测者达到五级应具有兜风步、全转以及平滑类、街舞类风格套路掌握与运用的能力
		全转	
	套路	平滑类风格套路	
		街舞类风格套路	
六级	单个技能	钻石步	受测者达到六级应具有钻石步、螺旋转以及升降起伏类风格套路、原创舞步组合掌握与运用的能力
		螺旋转	
	套路	升降起伏类风格套路	
		原创舞步组合	

（四）场地器材

5.1 场地器材

测评场地、器材按如下规定：

a) 场地：舞蹈教室或者体育馆（木地板、弹性地板）或者空旷平整场地，面积在 10 m×10 m～16 m×16 m 之间，如图1所示；

b) 器材：音响设备1套、秒表1个。

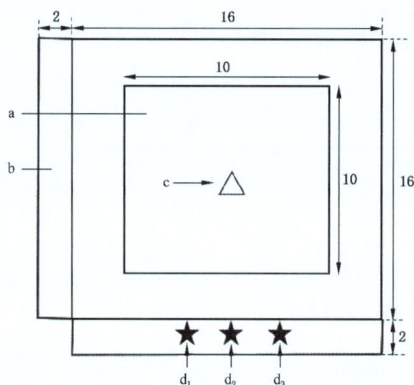

标引序号说明：

a —— 测试区；

b —— 准备区；

c —— 受测者位置；

d₁、d₂、d₃ ——测评员位置。

图1 排舞课程学生运动能力测试示意图

解读

1. 排舞测评场地建议使用舞蹈教室或者体育馆，也可以选择室外空旷场地。场地面积在 10 m×10 m ～ 16 m×16 m 之间，要求地面平整。

2. 准备区位于测评员席位的左侧，建议宽度设置为 2 m。

3. 3名测评员席位在 16 m×16 m 方形场地的边线外，居中设置。

4. 音响设备用于测评员发布指令，并在套路展示时播放音乐。

5. 秒表用于记录受测者是否在 10 s 内完成单个技能，如未在规定时间内完成动作，则视为不通过。

（五）测评员工作

5.2　测评员工作

测评工作应由 3 名测评员完成,测评员按如下步骤开展测评工作:

a)　3 名测评员左右间隔 1 m 并排坐在场地的正前方;

b)　套路测评时,其中 1 名测评员播放音乐并进行测评;

c)　依据单个技能和套路的观测点对受测者完成情况进行测评;

d)　3 名测评员按照观测点合格要求对受测者完成情况综合测评是否合格。

解 读

① 测评工作要求

测评工作由测评组共同完成,测评组设工作组和测试组。工作组负责场地设施设备以及报名工作。测试组应由 3 名测评员组成,其中有 1 名组长。测评员应取得培训合格证书及测评资质,且应符合以下条件之一:

（1）参与一至三级测评的教师需参加排舞裁判员、教练员培训班,并获得三级裁判员、教练员以上资格;

（2）参与四级及以上等级测评的教师需参加排舞裁判员、教练员培训班,并获得二级裁判员、教练员以上资格;

（3）带队参加排舞省级比赛获得特等奖、全国比赛获得一等奖的教练员;

（4）本人参加排舞省级比赛获得特等奖、全国比赛获得一等奖的教练员;

（5）从事排舞教学 5 年以上。

② 测评工作流程

（1）测评前,测评组长组织召开测评工作会议,会议成员包含测评员、相关工作人员和场地负责人等,明确测试工作要求和分工;

（2）测试前,测评组长应组织布置场地,参照场地标准检查测试场地和设施设备,做好安全保障工作;

（3）3 名测评员应着装统一,佩戴工作证,便于识别其身份和职责;

（4）每名测评员应依据观测点的合格要求进行独立测评；

（5）测评员将受测者实际完成情况准确记录到测评表中；

（6）测评员组长应在本组测试完成后，将本组测评员测评结果记录在排舞测评汇总表上；

（7）受测者因非本人因素出现动作中断、失败等情况，测评员应允许受测者重新开始测试（或排在本组最后重新测试）；

（8）在测评过程中，如有争议，测评员组长应及时召集测评员进行沟通，达成一致的评判结果；

（9）测评结束后，测评员组长应收集、保存好所有测评数据。

③ 测评后工作

（1）测评工作结束后，组织受测者安全有序离开；

（2）测评员对受测者的测试成绩汇总统计，并给出测评结果；

（3）将测评结果录入测评系统并在 24 小时内上报公布；

（4）清理测试场地，归还测试所需的设施设备；

（5）测试组在测试工作结束后及时总结，并在 3 个工作日内将测试工作总结交至测评组，总结需包含测评结果、测评中出现的问题、工作建议等。

🔔 特别提示

排舞测评安全工作要求

1.测评单位应明确场地、器材设备及周边环境等安全责任，认真落实安全检查工作，排除安全隐患。

2.制定测试工作安全和应急预案，确保测试工作顺利完成。

3.要认真了解受测者的健康状况，做好安全防范工作。在测试前组织和指导受测者做好充分的热身活动，规范执行测试流程。若受测者在测试期间身体不适，则测试可延期进行。

二、使用建议

"排舞标准"适用于小学、初中、高中、大学各学段学生排舞运动能力的测评。本标准充分考虑体育教学、体育学业质量评价、体育教育质量监测等工作的使用需要，结合不同地区、不同学段的学校体育开展实际，综合考量标准在全国的推行和实施难度，确保标准具备广泛的适用性。

（一）可应用于体育教学

"排舞标准"可应用于体育教学，从教学组织、教学设计、教学方法等方面入手，为学生提供更加科学化、个性化的教学服务，提高排舞课程的教学质量和效果，促进学生全面发展和健康成长。

1 教学组织

（1）选项走班

选项走班是一种灵活的教学组织形式，允许学生根据自己的兴趣、能力和需求选择适合自己的专项运动班级进行学习。在排舞课程中，教师可以结合"排舞标准"，设置不同教学难度的班级，以满足学生的个性化需求。教师可以根据标准中每个等级对应的排舞课程进行授课。学生可以根据标准对标自己的排舞运动能力等级，选择对应的班级上课，这样可以确保学生在适合自己的教学环境中学习排舞，从而提高学习效果。

（2）分层教学

分层教学是根据学生的实际情况，如技能水平和学习能力等，将学生分为不同的层次进行教学。在排舞课程中，教师可以结合"排舞标准"，将学生进行合理分层，如分为初级、中级和高级等不同层次。初级，学生可以从零基础开始，通过学习达到一级和二级水平；中级需要学生已经具备二级水平，可以开始学习三级对应的难度内容，直至达到四级水平；高级需要学生已经达到四级水平，通过学习可以向五级、六级水平发展。针对不同层次的学生，教师可以设置不同的教学目标、教学内容和教学方法。

2 教学设计

在教学中，结合"排舞标准"的教学理念，以促进学生全面发展为目标，以激发学生兴趣为引导，通过科学、系统的教学设计，提升学生的排舞运动能力，促进学生身心健康发展。排舞课程教学设计主要包括模块教学设计、单元教学设计和课时教学设计三部分。

（1）排舞模块教学设计

排舞课程学生运动能力按难度逐级进阶设定了 6 个等级。与这 6 个等级相对应，将排舞项目教学内容分为 6 个模块，模块一和模块二为夯实基础期，对应运动能力的一级和二级；模块三和模块四为提高能力期，对应运动能力的三级和四级；模块五和模块六为发展特长期，对应运动能力的五级和六级。6 个模块内容纵向衔接，层层递进。

在进行排舞项目模块教学设计时，教师还应考虑以下关键点：首先，根据学生的实际情况，挑选适合他们的模块进行教学；其次，重视阶段性评估，以便及时对教学方案进行反馈和调整；最后，确保排舞教学内容的全面性，根据学生的学习进度，合理安排每个模块的知识学习、技能练习、体能练习等。

（2）排舞单元教学设计

排舞单元教学设计遵循每个模块的教学框架，将模块内容划分为几个相互关联的大单元，并进一步将这些内容分配到每次课程的教学计划中。依据《义务教育体育与健康课程标准（2022 年版）》中的"健康第一"和"教会、勤练、常赛"的课程理念，每个单元均设置学习内容、练习内容和比赛内容，确保各个单元的学习、练习和比赛内容能够有机地结合在一起。

在进行排舞单元教学设计时，教师需重点考虑以下方面：首先，依据教学对象和单元学习内容，合理安排总课时数，考虑到不同教学阶段和学生学习能力的差异，课时数量应做出适当调整；其次，确保每个课时的教学目标能够具体反映单元目标，且各课时目标之间应呈现逐步递进的关系；最后，应挑选恰当的教学组织形式和教学方法。

（3）排舞课时教学设计

排舞课时教学设计是在单元教学设计的基础上，结合学校的具体场地设施、器材资源以及班级学生的实际情况，对排舞教学中的各个要素进行详细规划和设计。其目的是构建一个融学习、练习、竞赛和评价于一体的排舞课程教学体系，从而形成一个完整的课堂教学实施方案。

在进行排舞课时教学设计时，需要特别关注以下几个关键要素：首先，应设定具体、可衡量的教学目标，并灵活运用多种教学手段和方法，以情境式深度教学的方式，激发学生的学习兴趣和参与热情。其次，应合理安排学生的运动负荷和练习密度，确保学生在安全的前提下，能够充分参与排舞学练，从而达到最佳的学练效果。最后，应注重课堂过程性评价，通过观察、记录和反馈，及时了解学生的学习进展和存在的问题，从而调整教学策略，帮助学生在排舞学练中不断进步和成长。

❸ 教学方法

教学中采用多样化的、适宜的教学方法可以帮助学生更好地发挥自己的优势，弥补自己的不足，提高学习效果。在排舞课程中，教师可以根据学生的身体状况、心理特征、兴趣爱好等方面的差异，采用不同的教学方法和手段进行教学。例如，对于身体素质较差的学生，教师可以采用渐进式的教学方法，逐步提高学生的身体素质；对于心理素质较差的学生，教师可以采用鼓励式的教学方法，帮助学生建立自信、提升勇气；对于兴趣浓厚的学生，教师可以采用拓展式的教学方法，引导学生深入学习和探索排舞的乐趣。排舞课程教学可以基于学生运动能力的差异，更有针对性地安排教学内容和练习方法，更加适宜每个学生的发展需求。

（二）可应用于质量监测

"排舞标准"可应用于质量监测，为监测学生体能提供明确的指标，还能在此基础上增加对专项运动能力的监测，有助于提升教育质量，促进区域比较，并为教育决策提供可靠依据。

① 使体育教育质量监测更科学

通过这一标准，教师可以更加准确地评估学生的排舞运动能力，从而制订更有针对性的教学计划。同时，学生也能根据自己的实际情况，选择适合自己的学习内容和进度，提高学习效果。

② 全面评价学生排舞运动能力

在过去，体育教育往往只关注学生的体能水平，而忽视了专项运动能力。通过增加对专项运动能力的监测，我们可以更加全面地了解学生的排舞运动能力，从而更好地指导学生的学习和锻炼，促进学生排舞运动能力的提高。

③ 促进区域比较

标准是全国统一的，不同地区、不同学校的学生都可以按照相同的标准进行测评。我们可以更加客观地比较不同地区、不同学校之间的排舞教育水平，有针对性地提出可行的解决方案。例如，统计各地区学习排舞的学生有多少达到了二级水平，各地区学习排舞并达到二级水平的学生占全体学生的比例等。通过达到不同等级的比例数据，能够比较区域体育教育质量的差异。

④ 为教育决策提供可靠依据

通过对学生排舞运动能力的科学评价，教师可以了解学生在排舞学习中的优势与不足，进而调整教学计划和策略，提高教育质量。同时，这一结果也可以作为教育评估的重要指标之一，为教育政策的制定和调整提供有力支持。

（三）可应用于督导评估

"排舞标准"的制定和实施，不仅能准确评估学生的排舞运动能力，还能有效反映学校体育发展的整体水平。对于督导评估学校体育发展水平以及推动排舞教育的质量提升具有重要意义。在学校体育督导评估指标体系中，可以将学生运动能力应达到的等级作为其中一项重要指标，使督导评估工作更加客观、精准，也更能反映学校体育发展水平。

❶ 课程建设

通过排舞课程学生运动能力测评，可以检验排舞课程的教学内容、教学方法是否科学合理，能否满足学生的实际需求，进而推动排舞课程建设的不断完善和优化。

❷ 师资强化

排舞课程学生运动能力测评的结果可以反映教师的教学水平和专业能力。通过对测试结果的分析，可以发现教师在教学中的优势和不足，进而有针对性地开展培训，提升教师专业能力。

❸ 学生参与

排舞课程学生运动能力测评可以激发学生参与排舞运动的兴趣。通过参与测试，学生可以了解自己的排舞运动能力，明确学习目标和方向。同时，测试结果也可以作为选拔优秀学生参加更高级别比赛或活动的重要依据。

❹ 条件改善

排舞课程学生运动能力测评对场地、器材等设施条件提出了一定的要求，这有助于推动学校加大对体育设施建设的投入力度，改善体育教学的客观条件，为学生提供更好的体育锻炼环境。

三、实施保障

（一）规范测评方法

学生运动能力测评是一个复杂的过程，只有测评方法合理，测评结果的准确度才会有保障。第一，测评需要有专业的场地、器材，场地、器材既要符合测评相应等级的要求，也要与学生的年龄特点和发展实际相一致。第二，测评需要有专业的测评员，测评员不仅要懂得排舞各等级测评内容、达标要求、测评步骤等，还要具有公平、公正的测评专业素养，这是测评工作能够合理、有序开展的重要保障。第三，测评手段要多元化，从人工到智能的方式逐渐过渡，最终采用智能的方式测评学生的运动能力发展水平。在初期智能测评工具开发尚不完善的时候，可以通过人工测评的方式实施测评工作。随着智能测评工具的不断开发和完善，智能测评应逐渐渗透其中。智能测评不仅能够在一定程度上减轻人工测评的负担、降低组织测评工作的复杂性，而且还能够提升测评的客观性和精准度，并通过大数据对测评结果做及时反馈，同时大大提高运动能力标准的普及程度和应用范围。

（二）加强培训

为了确保"排舞标准"在全国范围内有效推广和应用，提升排舞课程教学质量和测评教师的专业素养，需要加强测评教师的培训工作。在培训目标方面，要让教师深入理解"排舞标准"的核心理念和测评要求，掌握排舞课程学生运动能力测评的具体方法和技巧，提升测评教师的专业素养和教学能力，确保测评工作的准确性和公正性。在培训内容方面，可以采用理论与实践相结合的形式，将标准培训与教学改革相结合，让教师了解"排舞标准"建设的要求，加强测评工作的规范性，交流学习如何通过教学让学生达到相应的运动能力等级。在培训形式方面，可以采用线上线下相结合的方式。线上培训可依靠数智赋能，提供线上视频教程、在线答疑等服务，方便教师随时随地进行学习；线下培训可组织集中培训，邀请专家授课和现场指导，确保教师能够全面掌握测评技能和教学方法。总之，通过"排舞标准"的培训，能够提升测评教师的专业素养和教学能力，为"排舞标准"的推广和应用奠定坚实基础。

（三）开展试点

试点工作开展前，项目组核心成员需要制定规范的测评员培训和考核办法，在测评员了解"排舞标准"的测评流程和评定办法的前提下开展测评工作。试点工作的实施，第一是确立试点区和试点校。可以在前期已经确立的试点区和试点校中开展试点工作，也可以在后续征集试点区和试点校的活动中扩大试点范围，其目的是能够让更多的区域和学校会用标准、用好标准，使标准更好地服务于学生的全面发展，促进学校体育高质量发展。第二是研制试点工作方案，包括教学改革试点工作方案、质量监测试点工作方案、督导评估试点工作方案等，有组织地开展试点工作才能更有成效，并通过方案实施获取有益经验。第三是组织开展试点工作实践，不同的试点区和试点校可以结合区域和学校实际情况选择一种或多种试点方案，组织开展试点工作，在试点工作实践中不断优化试点工作。第四是组织开展试点经验展示交流活动，让有经验的试点区和试点校作为示范典型在全国范围内宣传和推广，让其他地区和学校学习借鉴，使标准发挥更大的作用。

第二章

排舞课程学生运动能力一级测评

一、一级达标要求

4.2.1　一级达标要求

4.2.1.1　一级测评内容及要求应符合表1的规定。

表1　一级测评内容及要求

测评内容		观测点	合格要求
单个技能	摇椅步	身体姿态	双脚并拢，双手叉腰，身体保持直立，抬头挺胸收腹，目视正前方
		舞步完成	按照摇椅步动作规格完成，舞步连贯无卡顿
		重心移动	左右脚移动重心及时到位
		节拍口令	准确说出节拍：1、2、3、4
	爵士盒步	身体姿态	双脚并拢，双手叉腰，身体保持直立，抬头挺胸收腹，目视正前方
		舞步完成	按照爵士盒步动作规格完成，舞步连贯无卡顿
		重心移动	左右脚移动重心及时到位
		节拍口令	准确说出节拍：1、2、3、4
		动作轨迹	清晰呈现方形轨迹
套路	舞台类风格套路	熟练性	熟练完成套路，允许出现2次错误，每次不超过8拍
		舞步运用	正确运用2个舞步，动作清晰
		音乐运用	动作与音乐吻合，失去节奏不超过16拍
		协调性	身体各部位动作协调，僵硬不协调不超过16拍
		风格表现	表现舞台类风格

4.2.1.2　一级测评内容所有观测点均应达到表1规定的合格要求，每名测评员均判定合格后即为达标。

解 读

❶ 摇椅步

节拍数：四拍；节奏：一拍一动；节拍口令：1、2、3、4。

动作方法：（以右摇椅步为例）1－右脚前踏；2－左脚原地踏，同时回重心到左脚；3－右脚后踏；4－左脚原地踏，同时回重心到左脚。

动作规格：步幅适中，注意重心的转移、动作协调连贯。（图2-1）

预备　　　　　1　　　　　2　　　　　3　　　　　4

图 2-1　摇椅步

合格要求：准备姿势规范，身体姿态端正，精神抖擞。舞步按照动作方法和规格连贯完成，节拍口令声音洪亮、清晰。重心转移及时、清晰、准确、自然。

② 爵士盒步

节拍数：四拍；节奏：一拍一动；节拍口令：1、2、3、4。

动作方法：（以右爵士盒步为例）1－右脚前交叉；2－左脚后踏；3－右脚右踏；4－左脚前交叉。

动作规格：脚位方向清晰、准确，踏步时注意重心的转移，动作连贯到位。（图2-2）

预备　　　　　1　　　　　2　　　　　3　　　　　4

图 2-2　爵士盒步

合格要求：准备姿势规范，身体姿态端正，精神抖擞。舞步按照动作方法和规格连贯完成，节拍口令声音洪亮、清晰。重心转移及时、清晰、准确、自然，能准确呈现爵士盒步的动作轨迹。

③ 舞台类风格套路

本套路是舞台类现代童趣风格套路。表达的情绪是轻松活泼、积极向上的。舞台类套路强调全身各部位协调配合，通过音乐与舞蹈动作的融合，感知音乐节奏。套路音乐规整、小节数对称、节奏鲜明，易于重复和记忆。

本套路包含的基本舞步和动作：双脚跳、摇椅步、爵士盒步、跑跳步。

舞台类风格套路舞谱如下：

表 A.1　一级套路舞谱：舞台类——现代童趣

1—8	前进,双脚跳,后退,双脚跳
1—4	(1)右脚前踏(2)左脚前踏(3)右脚前踏(4)双脚并脚跳
5—8	(5)右脚后踏(6)左脚后踏(7)右脚后踏(8)双脚并脚跳
9—16	摇椅步
1—4	(1)右脚前踏(2)重心回左脚(3)右脚后踏(4)重心回左脚
5—8	(5)右脚前踏(6)重心回左脚(7)右脚后踏(8)重心回左脚
17—24	踏点,爵士盒步
1—4	(1)右脚右踏(2)左脚尖点在右脚旁(3)右脚左踏(4)右脚尖点在左脚旁
5—8	(5)右脚前交叉(6)左脚后踏(7)右脚右踏(8)左脚前交叉
25—32	跑跳步,双脚跳
1&2&3&4&	(1)右转90°,右脚前踏,面向 3:00(&)右脚小跳,吸左腿(2)继续右转90°,左脚前踏,面向 6:00(&)左脚小跳,吸右腿(3)继续右转90°,右脚前踏,面向 9:00(&)右脚小跳,吸左腿(4)继续右转90°,左脚前踏,面向12:00(&)左脚小跳,吸右腿
5—8	(5—8)双脚原地跳 4 次

合格要求：熟练完成套路，完成过程中允许出现不超过 2 次的动作失误，且每次失误均不能超过 8 个节拍。动作与音乐基本吻合，失去节奏不能超过 16 个节拍。身体姿态良好，动作优美大方，准确展示摇椅步和爵士盒步，并能表现出轻松活泼、积极向上的表演风格。

二、一级测评方法

5.3　一级测评

5.3.1　单个技能——摇椅步

受测者测试步骤如下：

a)　受测者在准备区候场,经测评员同意后进入测试区,面向测评员,保持两脚并拢、双手叉腰、两眼平视;

b)　听到指令后举手示意,10 s 内独立数节拍,完成摇椅步动作;

c)　测试结束后还原成立正姿势,等待测评指令。

每名受测者 1 次测试机会。

5.3.2　单个技能——爵士盒步

受测者测试步骤如下：

a)　受测者面向测评员,保持两脚并拢、双手叉腰、两眼平视;

b)　听到指令后举手示意,10 s 内独立数节拍,完成爵士盒步动作;

c)　测试结束后还原成立正姿势,致谢退场。

每名受测者 1 次测试机会。

5.3.3　套路——舞台类风格套路

受测者测试步骤如下：

a)　受测者在准备区候场,经测评员同意后进入测试区,面向测评员;

b)　听到指令后,跟随音乐完成舞台类风格套路的测试;

c)　按附录 A 中表 A.1 规定舞谱进行测试,测试结束后还原成立正姿势,致谢退场。

每名受测者 1 次测试机会。

解 读

排舞运动能力一级测评共 3 项内容,其中单个技能测评包括摇椅步和爵士盒步,套路测评为舞台类风格套路,由 3 名测评员对受测者进行测评。

① 单个技能测评

（1）受测者佩戴号码牌,按照要求在准备区候场,等待测评员指令。

（2）听到入场指令后,按照要求在测试区完成摇椅步和爵士盒步的展示,随后退场。

（3）受测者应在测试前明确两个测试舞步的合格要求,并严格按照步骤完成测试。

（4）每位受测者仅有 1 次测试机会。

② 套路——舞台类风格套路测评

（1）受测者佩戴号码牌，按照要求在准备区候场，等待测评员指令。

（2）听到入场指令后，按照要求在测试区完成 4 遍套路舞步的展示，随后退场。

（3）上肢动作需完全按照规定来完成，不允许改变动作。

（4）测试音乐包括但不限于测评视频中的配乐，可按照舞台类现代童趣风格自行选择配乐，要求音乐风格与测试套路风格一致，音乐结构完整。

（5）受测者应在测试前明确套路的具体要求，并严格按照步骤完成测试。

（6）每位受测者仅有 1 次测试机会。

三、一级测评工具

一级测评成绩记录表见表 2-1 至表 2-3，达标记录表见表 2-4。每个观测点均达到要求，该项测评内容为合格；3 项测评内容均合格为达标。

表 2-1 摇椅步成绩记录表

姓名	观测点				合格情况
	身体姿态（双脚并拢，双手叉腰，身体保持直立，抬头挺胸收腹，目视正前方）	舞步完成（按照摇椅步动作规格完成，舞步连贯无卡顿）	重心移动（左右脚移动重心及时到位）	节拍口令（准确说出节拍：1、2、3、4）	
×××	√	×	√	√	×
注：根据各观测点及整体合格情况在相应表格里画"√"或"×"					
测评员：			记录时间：　　　年　月　日		

表 2-2　爵士盒步成绩记录表

姓名	观测点					合格情况
	身体姿态 (双脚并拢,双手叉腰,身体保持直立,抬头挺胸收腹,目视正前方)	舞步完成 (按照爵士盒步动作规格完成,舞步连贯无卡顿)	重心移动 (左右脚移动重心及时到位)	节拍口令 (准确说出节拍:1、2、3、4)	动作轨迹 (舞步清晰,呈现方形轨迹)	
×××	√	√	√	√	√	√
注:根据各观测点及整体合格情况在相应表格里画"√"或"×"						
测评员:			记录时间:　　年　月　日			

表 2-3　舞台类风格套路成绩记录表

姓名	观测点					合格情况
	熟练性 (熟练完成套路,允许出现2次错误,每次不超过8个节拍)	舞步运用 (正确运用2个舞步,动作清晰)	音乐运用 (动作与音乐吻合,失去节奏不超过16个节拍)	协调性 (身体各部位动作协调,僵硬不协调不超过16个节拍)	风格表现 (表现舞台类风格)	
×××	√	√	√	√	√	√
注:根据各观测点及整体合格情况在相应表格里画"√"或"×"						
测评员:			记录时间:　　年　月　日			

表 2-4　一级测评达标记录表

姓名	各项测评内容合格情况			达标情况
	摇椅步	爵士盒步	舞台类风格套路	
×××	×	√	√	×
注：根据各项测评内容合格情况及达标情况在相应表格里画"√"或"×"				
测评员：		记录时间：　　　年　　月　　日		

四、一级测评操作视频

一级测评操作视频

第三章

排舞课程学生运动能力二级测评

一、二级达标要求

4.2.2 二级达标要求

4.2.2.1 二级测评内容及要求应符合表 2 的规定。

表 2 二级测评内容及要求

测评内容	观测点	合格要求
单个技能	奔跑步	
	身体姿态	双脚并拢，双手叉腰，身体保持直立，抬头挺胸收腹，目视正前方
	舞步完成	按照奔跑步动作规格完成，舞步连贯无卡顿
	重心移动	重心上下移动及时到位
	节拍口令	准确说出节拍：&、1、&、2
	动作轨迹	清晰呈现"1"字形轨迹
	侧滑步	
	身体姿态	双脚并拢，双手叉腰，身体保持直立，抬头挺胸收腹，目视正前方
	舞步完成	按照侧滑步动作规格完成，舞步连贯无卡顿
	重心移动	重心保持在支撑腿
	节拍口令	准确说出节拍：1、&
	脚尖方向	支撑脚脚尖向外、向内转换及时
套路	曳步舞类风格套路	
	熟练性	熟练完成套路，允许出现 2 次错误，每次不超过 8 拍
	舞步运用	正确运用 4 个舞步，& 拍动作清晰
	音乐运用	动作与音乐吻合，失去节奏不超过 16 拍，能清晰呈现 & 拍的节奏
	协调性	身体各部位动作协调，僵硬不协调不超过 16 拍
	风格表现	表现曳步舞类风格

4.2.2.2 二级测评内容所有观测点均应达到表 2 规定的合格要求，每名测评员均判定合格后即为达标。

解读

① 奔跑步

节拍数：两拍；节奏：一拍两动；节拍口令：&、1、&、2。

动作方法：（以右奔跑步为例）& - 左脚后滑，右腿提膝；1 - 右脚前踏，左脚向后滑；& - 右脚向后滑，左腿提膝；2- 左脚前踏，右脚向后滑。

动作规格：提膝时大腿要抬平，两腿动作交换时要连贯。（图 3-1）

合格要求：准备姿势规范，身体姿态端正，精神抖擞。舞步按照动作方法和规格连贯完成，节拍口令声音洪亮、清晰。重心转移及时、清晰、准确、自然。

| 预备 | & | 1 | & | 2 |

图 3-1 奔跑步

② 侧滑步

节拍数：一拍；节奏：一拍两动；节拍口令：1、&。

动作方法：（以右侧滑步为例）1 - 左脚跟向右旋转，同时右脚尖右侧点地；& - 左脚尖向右旋转同时吸右腿。

动作规格：1 拍脚尖点地清晰、准确，动作协调；& 拍吸腿要快。（图 3-2）

| 预备 | 1 | & |

图 3-2 侧滑步

合格要求：准备姿势规范，身体姿态端正，精神抖擞。舞步按照动作方法和规格连贯完成，节拍口令声音洪亮、清晰。注意脚尖方向，重心保持在支撑腿。

❸ 曳步舞类风格套路

本套路所含基本舞步：奔跑步、侧滑步、前卡、后卡、飞步。

前卡、后卡

节拍数：一拍；节奏：一拍两动；节拍口令：1、&。

动作方法：（以右脚为例）前卡：1 – 右脚向前滑，同时左脚跟前点地；& – 右脚回原位同时吸左腿；后卡：1 – 右脚向后滑，同时左脚跟向前点地；& – 左脚回原位同时吸右腿。

动作规格：脚跟点地清晰、准确，&拍吸腿要快，动作协调。（图3-3）

| 预备 | 前卡1 | 前卡& | 后卡1 | 后卡& |

图3-3 前卡、后卡

飞步

节拍数：四拍；节奏：一拍一动；节拍口令：1、2、3、4。

动作方法：1 – 右脚向右后方滑步，同时左脚跟向左前方滑动；2 – 两脚并回原位；3 – 左脚向左后方滑步，同时右脚跟向右前方滑动；4 – 两脚并回原位。

动作规格：动作连贯，步伐轻盈，上身稍向前倾。（图3-4）

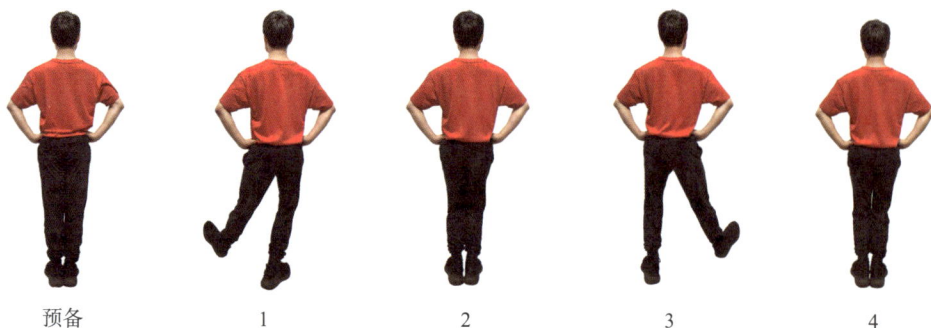

| 预备 | 1 | 2 | 3 | 4 |

图3-4 飞步

曳步舞类风格套路休舞谱如下:

表 A.2 二级套路舞谱:曳步舞类

1—8	**奔跑步,侧滑步**
&.1&.2	(&.)吸右腿同时左脚后滑(1)右脚前落同时左脚后滑(&.)吸左腿同时右脚后滑(2)左脚前落同时右脚后滑
&.3&.4	(&.)吸右腿同时左脚后滑(3)右脚前落同时左脚后滑(&.)吸左腿同时右脚后滑(4)左脚前落同时右脚后滑
&.	(&.)吸右腿同时左脚后滑
5&.6&.	(5)左脚跟向右旋转同时右脚尖右侧点地(&.)左脚尖向右旋转同时吸右腿(6)左脚跟向右旋转同时右脚尖右侧点地(&.)左脚尖向右旋转同时吸右腿
7&.8	(7)左脚跟向右旋转同时右脚尖右侧点地(&.)左脚尖向右旋转同时吸右腿(8)左脚跟向右旋转同时右脚尖右侧点地
9—16	**奔跑步,侧滑步**
&.1&.2	(&.)吸左腿同时右脚后滑(1)左脚前落同时右脚后滑(&.)吸右腿同时左脚后滑(2)右脚前落同时左脚后滑
&.3&.4	(&.)吸左腿同时右脚后滑(3)左脚前落同时右脚后滑(&.)吸右腿同时左脚后滑(4)右脚前落同时左脚后滑
&.	(&.)吸左腿同时右脚后滑
5&.6&.	(5)右脚跟向左旋转同时左脚尖左侧点地(&.)右脚尖向左旋转同时吸左腿(6)右脚跟向左旋转同时左脚尖左侧点地(&.)右脚尖向左旋转同时吸左腿
7&.8&.	(7)右脚跟向左旋转同时左脚尖左侧点地(&.)右脚尖向左旋转同时吸左腿(8)右脚跟向左旋转同时左脚尖左侧点地(&.)左脚原地跳同时吸右腿
17—24	**前卡,后卡,飞步**
1&.2&.	(1)左脚向前滑步同时右脚跟前点地(&.)左脚回原位同时吸右腿(2)左脚向前滑步同时右脚跟前点地(&.)左脚回原位同时吸右腿
3&.4&.	(3)右脚后滑同时左脚跟向前滑出(&.)左脚回原位同时吸右腿(4)右脚后滑同时左脚跟向前滑出(&.)左脚回原位同时吸右腿

5&.6&	(5)右脚右后方滑步同时左脚跟左前方滑出(&)两脚并回原位(6)左脚左后方滑步同时右脚跟右前方滑出(&)两脚并回原位
7&.8&	(7)右脚右后方滑步同时左脚跟左前方滑出(&)两脚并回原位(8)左脚左后方滑步同时右脚跟右前方滑出(&)两脚并回原位
25—32	**侧踏,点地**
1—4	(1)右脚右踏(2)左脚尖前交叉点地(3)左脚左踏(4)右脚尖前交叉点地
5—8	(5)右脚右踏(6)左脚尖前交叉点地(7)左脚左踏(8)右脚尖前交叉点地

合格要求:熟练完成套路,完成过程中允许出现不超过 2 次的动作失误,每次失误均不能超过 8 个节拍。动作与音乐基本吻合,失去节奏不能超过 16 个节拍。身体姿态良好,动作优美大方,准确展示奔跑步和侧滑步,并能表现出充满动感活力,极具现场渲染力的表演风格。

二、二级测评方法

5.4.1　单个技能——奔跑步

受测者测试步骤如下:

a)　受测者在准备区候场,经测评员同意后进入测试区,面向测评员,保持两脚并拢、双手叉腰、两眼平视;

b)　听到指令后举手示意,10 s 内独立数节拍,完成奔跑步动作;

c)　测试结束后还原成立正姿势,等待测评指令。

每名受测者 1 次测试机会。

5.4.2　单个技能——侧滑步

受测者测试步骤如下:

a)　受测者面向测评员,保持两脚并拢、双手叉腰、两眼平视;

b)　听到指令后举手示意,10 s 内独立数节拍,完成侧滑步动作;

c)　测试结束后还原成立正姿势,致谢退场。

每名受测者 1 次测试机会。

5.4.3　套路——曳步舞类风格套路

受测者测试步骤如下:

a)　受测者在准备区候场,经测评员同意后进入测试区,面向测评员;

b)　听到指令后,跟随音乐完成曳步舞类风格套路的测试;

c)　按表 A.2 规定舞谱进行测试,测试结束后还原成立正姿势,致谢退场。

每名受测者 1 次测试机会。

解 **读**

排舞运动能力二级测评共 3 项内容，其中单个技能测评包括奔跑步和侧滑步，套路测评为曳步舞类风格套路，由 3 名测评员对受测者进行测评。

① 单个技能测评

（1）受测者佩戴号码牌，按照要求在准备区候场，等待测评员指令。

（2）听到入场指令后，按照要求在测试区完成奔跑步和侧滑步的展示，随后退场。

（3）受测者应在测试前明确两个测试舞步的合格要求，并严格按照步骤完成测试。

（4）每位受测者仅有 1 次测试机会。

② 套路——曳步舞类风格套路测评

（1）受测者佩戴号码牌，按照要求在准备区候场，等待测评员指令。

（2）听到入场指令后，按照要求在测试区完成 4 遍套路舞步的展示，随后退场。

（3）上肢动作需完全按照规定来完成，不允许改变动作。

（4）测试音乐包括但不限于测评视频中的配乐，可按照曳步舞类风格自行选择配乐，要求音乐风格与测试套路风格一致，音乐结构完整。

（5）受测者应在测试前明确套路的具体要求，并严格按照步骤完成测试。

（6）每位受测者仅有 1 次测试机会。

三、二级测评工具

二级测评成绩记录表见表 3-1 至表 3-3，达标记录表见表 3-4。每个观测点均达到要求，该项测评内容为合格；3 项测评内容均合格为达标。

表 3-1　奔跑步成绩记录表

姓名	观测点					合格情况
	身体姿态（双脚并拢，双手叉腰，身体保持直立，抬头挺胸收腹，目视正前方）	舞步完成（按照奔跑步动作规格完成，舞步连贯无卡顿）	重心移动（重心上下移动及时到位）	节拍口令（准确说出节拍：&、1、&、2）	动作轨迹（清晰呈现"1"字形轨迹）	
×××	√	√	×	√	√	√
注：根据各观测点及整体合格情况在相应表格里画"√"或"×"						
测评员：		记录时间：　　　年　　月　　日				

表 3-2　侧滑步成绩记录表

姓名	观测点					合格情况
	身体姿态（双脚并拢，双手叉腰，身体保持直立，抬头挺胸收腹，目视正前方）	舞步完成（按照侧滑步动作规格完成，舞步连贯无卡顿）	重心移动（重心保持在支撑腿）	节拍口令（准确说出节拍：1、&）	脚尖方向（支撑脚脚尖向右、向左转换及时）	
×××	√	√	√	√	√	√
注：根据各观测点及整体合格情况在相应表格里画"√"或"×"						
测评员：		记录时间：　　　年　　月　　日				

表 3-3　曳步舞类风格套路成绩记录表

姓名	观测点					合格情况
	熟练性（熟练完成套路，允许出现2次错误，每次不超过8个节拍）	舞步运用（正确运用4个舞步，&拍动作清晰）	音乐运用（动作与音乐吻合，失去节奏不超过16个节拍，能清晰呈现&拍的节奏）	协调性（身体各部位动作协调，僵硬不协调不超过16个节拍）	风格表现（表现曳步舞类风格）	
×××	√	√	√	√	√	√
注：根据各观测点及整体合格情况在相应表格里画"√"或"×"						
测评员：		记录时间：　　　年　　月　　日				

表 3-4　二级测评达标记录表

姓名	各项测评内容合格情况			达标情况
	奔跑步	侧滑步	曳步舞类风格套路	
×××	×	√	√	×
注：根据各项测评内容合格情况及达标情况在相应表格里画"√"或"×"				
测评员：		记录时间：　　　年　　月　　日		

四、二级测评操作视频

二级测评操作视频

第四章

排舞课程学生运动能力三级测评

一、三级达标要求

4.2.3 三级达标要求

4.2.3.1 三级测评内容及要求应符合表 3 的规定。

表 3 三级测评内容及要求

测评内容		观测点	合格要求
单个技能	踢换脚	身体姿态	双脚并拢,双手叉腰,身体保持直立,抬头挺胸收腹,目视正前方
		舞步完成	按照踢换脚动作规格完成,舞步连贯无卡顿
		重心移动	左右脚移动重心及时到位,身体重心平稳
		节拍口令	准确说出节拍:1、&、2
	藤转	身体姿态	双脚并拢,双手叉腰,身体保持直立,抬头挺胸收腹,目视正前方
		舞步完成	按照藤转动作规格完成,舞步连贯无卡顿
		重心移动	左右脚移动重心及时到位,身体重心平稳
		转体角度	转体角度准确,第 1 拍转体 90°,第 2 拍转体 180°,第 3 拍转体 90°
		动作轨迹	清晰呈现"1"字形轨迹
		节拍口令	准确说出节拍:1、2、3、4
套路	律动类风格套路	熟练性	熟练完成套路,允许出现 2 次错误,每次不超过 4 拍
		舞步运用	正确运用 6 个舞步,& 拍动作清晰
		音乐运用	动作与音乐吻合,失去节奏不超过 8 拍,能清晰呈现 & 拍节奏
		协调性	身体各部位动作协调,僵硬不协调不超过 8 拍
		风格表现	表现律动类风格,重心有律动感,膝踝放松、身体随动作自然摆动
		上肢动作创编	呈现 3 次不同的上肢动作创编

4.2.3.2 三级测评内容所有观测点均应达到表 3 规定的合格要求,每名测评员均判定合格后即为达标。

解读

❶ 踢换脚

节拍数：两拍；节奏：两拍三动；节拍口令：1、&、2。

动作方法：（以右脚为例）1 – 右脚向前弹踢；& – 右脚掌落地还原；2 – 左脚前踏。

动作规格：1拍右脚向前弹踢，2拍左脚可以做原地踏、原地点、侧点、前交叉等。（图 4-1）

| 预备 | 1 | & | 2 |

图 4-1　踢换脚

合格要求：准备姿势规范，身体姿态端正，精神抖擞。舞步按照动作方法和规格连贯完成，节拍口令声音洪亮、清晰。重心转移及时、清晰、准确、自然，动作中保持重心平稳。

❷ 藤转

节拍数：四拍；节奏：一拍一动；节拍口令：1、2、3、4。

动作方法：（以右藤转为例）面向 12：00。1 – 右转 90° 右脚前踏，面向 3：00；2 – 右转 180° 左脚后踏，面向 9：00；3 – 右转 90° 右脚侧踏，面向 12：00；4 – 左脚并右脚。

动作规格：动作连贯，转体平稳，身体平衡保持正直，控制好转动的角度，4拍左脚并右脚可以做刷地、点地、前交叉等。（图 4-2）

图 4-2　藤转

合格要求：准备姿势规范，身体姿态端正，精神抖擞。舞步按照动作方法和规格连贯完成，节拍口令声音洪亮、清晰。重心转移及时、清晰、准确、自然，转体角度准确。舞步清晰，呈现"1"字形轨迹。

❸ 律动类风格套路

律动类风格套路的风格特点是热情欢快、动作敏捷、舞姿轻松，身体自然摆动。脚步要求脚掌踏地，脚步弹动。表演者一般佩戴牛仔帽，脚穿靴子。

本套路包含的基本舞步：水手步、查尔斯顿步、锁步、藤转、踢换脚、脚尖开关步。

水手步

舞步节拍数：两拍；节奏：两拍三动；节拍口令：1、&、2。

动作方法：（以右水手步为例）1 – 右脚后交叉；& – 左脚左踏，重心在左脚；2- 右脚右踏，重心在右脚。

动作规格：1拍后交叉要明显，&拍左脚向旁打开要小，2拍移重心到右脚。（图4-3）

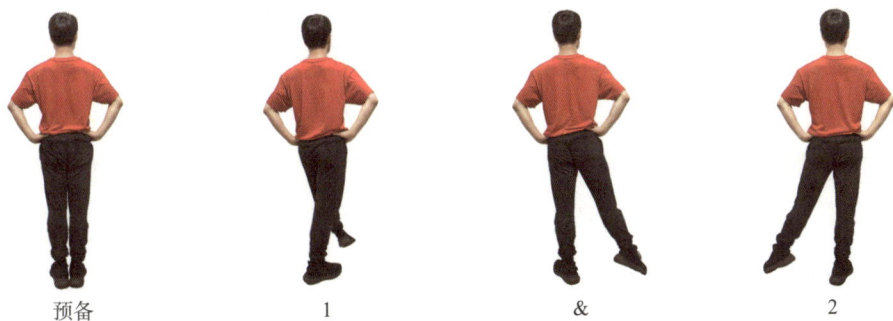

图 4-3　水手步

查尔斯顿步

节拍数：四拍；节奏：一拍一动；节拍口令：1、2、3、4。

动作方法：（以右查尔斯顿步为例）1 – 右脚前踏；2 – 左脚前点；3 – 左脚后踏；4 – 右脚后点。

动作规格：步幅适中，脚尖点地清晰，动作协调连贯。（图 4-4）

| 预备 | 1 | 2 | 3 | 4 |

图 4-4　查尔斯顿步

锁步

节拍数：一拍；节奏：一拍两动；节拍口令：1、&。

动作方法：（以右前锁步为例）1 – 右脚前进一步；& – 左脚锁在右脚后。

动作规格：& 拍两腿膝盖锁紧。（图 4-5）

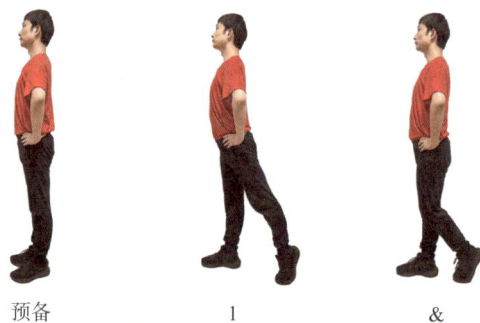

| 预备 | 1 | & |

图 4-5　锁步

脚尖开关步

节拍数：两拍；节奏：一拍两动；节拍口令：1、&、2、&。

动作方法：（以右脚尖开关步为例）面向 12：00。1 – 右脚尖侧点地；& – 右脚复位；2 – 左脚尖侧点地；& – 左脚复位。

动作规格：步幅适中，点地清晰、准确，动作协调。（图 4-6）

| 预备 | 1 | & | 2 | & |

图 4-6　脚尖开关步

律动类风格套路舞谱如下：

表 A.3　三级套路舞谱：律动类——乡村牛仔

1—8	点地，水手步
1—2	(1)右脚尖前交叉点地(2)右脚尖右侧点地
3&4	(3)右脚后交叉(&)左脚左踏(4)右脚右踏
5—6	(5)左脚尖前交叉点地(6)左脚尖左侧点地
7&8	(7)左脚后交叉(&)右脚右踏(8)左脚左踏
9—16	查尔斯顿步，锁步
1—4	(1)右脚前踏(2)左脚前踢(3)左脚后踏(4)右脚尖后点地
5&6	(5)右转 45°右脚前踏，面向 1:30(&)左脚锁在右脚后(6)右脚前踏
7&8	(7)左转 90°左脚前踏，面向 10:30(&)右脚锁在左脚后(8)左脚前踏
17—24	藤转，踢换脚
1—4	(1)右转 135°右脚进，面向 3:00(2)右转 180°左脚退，面向 9:00(3)右转 90°右脚向右一步，面向 12:00(4)左脚并右脚
5&6	(5)右转 90°右脚前踢，面向 3:00(&)右脚还原(6)左脚原地踏
7&8	(7)右转 90°右脚前踢，面向 6:00(&)右脚还原(8)左脚原地踏
25—32	脚尖开关步，藤转
1&2&.	(1)右脚尖侧点地(&)右脚还原(2)左脚尖侧点地(&)左脚还原
3&4&.	(3)右脚尖侧点地(&)右脚还原(4)左脚尖侧点地(&)左脚还原
5—8	(5)右转 90°右脚进，面向 9:00(6)右转 180°左脚退，面向 3:00(7)右转 90°,右脚向右一步，面向 6:00(8)左脚并右脚

合格要求：熟练完成套路，完成过程中允许出现不超过 2 次的动作失误，每次失误均不能超过 4 个节拍。动作与音乐基本吻合，失去节奏不能超过 8 个节拍。身体姿态良好，动作优美大方，准确展示踢换脚和藤转，并能表现出热情、欢快的表演风格。

二、三级测评方法

5.5.1 单个技能——踢换脚

受测者测试步骤如下：

a) 受测者在准备区候场,经测评员同意后进入测试区,面向测评员,保持两脚并拢、双手叉腰、两眼平视;

b) 听到指令后举手示意,10 s内独立数节拍,完成踢换脚动作;

c) 测试结束后还原成立正姿势,等待测评指令。

每名受测者1次测试机会。

5.5.2 单个技能——藤转

受测者测试步骤如下：

a) 受测者面向测评员,保持两脚并拢、双手叉腰、两眼平视;

b) 听到指令后举手示意,10 s内独立数节拍,完成藤转动作;

c) 测试结束后还原成立正姿势,致谢退场。

每名受测者1次测试机会。

5.5.3 套路——律动类风格套路

受测者测试步骤如下：

a) 受测者在准备区候场,经测评员同意后进入测试区,面向测评员;

b) 听到指令后,跟随音乐完成律动类风格套路的测试;

c) 按表A.3规定舞谱进行测试,测试结束后还原成立正姿势,致谢退场。

每名受测者1次测试机会。

解 读

排舞运动能力三级测评共3项内容,其中单个技能测评包括踢换脚和藤转,套路测评为律动类风格套路,由3名测评员对受测者进行测评。

① 单个技能测评

（1）受测者佩戴号码牌,按照要求在准备区候场,等待测评员指令。

（2）听到入场指令后,按照要求在测试区完成踢换脚和藤转的展示,随后退场。

（3）受测者应在测试前明确两个测试舞步的合格要求,并严格按照步骤完成测试。

（4）每位受测者仅有1次测试机会。

❷ 套路——律动类风格套路测评

（1）受测者佩戴号码牌，按照要求在准备区候场，等待测评员指令。

（2）听到入场指令后，按照要求在测试区完成 4 遍套路舞步的展示，随后退场。

（3）呈现 3 次不同的上肢动作创编。

（4）测试音乐包括但不限于测评视频中的配乐，可按照律动类乡村牛仔风格自行选择配乐，要求音乐风格与测试套路风格一致，音乐结构完整。

（5）受测者应在测试前明确套路的具体要求，并严格按照步骤完成测试。

（6）每位受测者仅有 1 次测试机会。

三、三级测评工具

三级测评成绩记录表见表 4-1 至表 4-3，达标记录表见表 4-4。每个观测点均达到要求，该项测评内容为合格；3 项测评内容均合格为达标。

表 4-1　踢换脚成绩记录表

姓名	观测点				合格情况
	身体姿态（双脚并拢，双手叉腰，身体保持直立，抬头挺胸收腹，目视正前方）	舞步完成（按照踢换脚动作规格完成，舞步连贯无卡顿）	重心移动（左右脚移动重心及时到位，身体保持重心平稳）	节拍口令（准确说出节拍：1、&、2）	
×××	√	×	√	√	×
注：根据各观测点及整体合格情况在相应表格里画"√"或"×"					
测评员：			记录时间：　　年　　月　　日		

表 4-2 藤转成绩记录表

姓名	观测点						合格情况
	身体姿态（双脚并拢，双手叉腰，身体保持直立，抬头挺胸收腹，目视正前方）	舞步完成（按照藤转动作规格完成，舞步连贯无卡顿）	重心移动（左右脚移动重心及时到位，身体重心平稳）	转体角度（转体角度准确，1拍转体90°，2拍转体180°，3拍转体90°）	动作轨迹（清晰呈现"1"字形轨迹）	节拍口令（准确说出节拍：1、2、3、4）	
×××	√	√	√	√	√	√	√

注：根据各观测点及整体合格情况在相应表格里画"√"或"×"

测评员：   记录时间：   年   月   日

表 4-3 律动类风格套路成绩记录表

姓名	观测点						合格情况
	熟练性（熟练完成套路，允许出现2次错误，每次不超过4个节拍）	舞步运用（正确运用6个舞步，&拍动作清晰）	音乐运用（动作与音乐吻合，失去节奏不超过8个节拍，能清晰呈现&拍节奏）	协调性（身体各部位动作协调，动作僵硬不协调不超过8个节拍）	风格表现（表现律动类风格，重心有律动感，膝踝放松，身体随动作自然摆动）	上肢动作创编（呈现3次不同的上肢动作创编）	
×××	√	√	√	√	√	√	√

注：根据各观测点及整体合格情况在相应表格里画"√"或"×"

测评员：   记录时间：   年   月   日

表 4-4　三级测评达标记录表

姓名	各项测评内容合格情况			达标情况
	踢换脚	藤转	律动类风格套路	
×××	×	√	√	×
注：根据各项测评内容合格情况及达标情况在相应表格里画"√"或"×"				
测评员：	记录时间：　　　年　月　日			

四、三级测评操作视频

三级测评操作视频

第五章

排舞课程学生运动能力四级测评

一、四级达标要求

4.2.4 四级达标要求

4.2.4.1 四级测评内容及要求应符合表4的规定。

表4　四级测评内容及要求

测评内容		观测点	合格要求
单个技能	伦巴盒步	身体姿态	双脚并拢,双手叉腰,身体保持直立,抬头挺胸收腹,目视正前方
		舞步完成	按照伦巴盒步动作规格完成,舞步连贯无卡顿
		重心移动	左右脚移动重心及时到位,身体重心平稳
		节拍口令	准确说出节拍:1、2、3、4、5、6、7、8
		动作轨迹	清晰呈现方形轨迹
	弦子步	身体姿态	双脚并拢,双手叉腰,身体微前倾,扣胸,双肩放松下沉,目视正前方
		舞步完成	按照弦子步动作规格完成,舞步连贯无卡顿
		重心移动	左右脚移动重心及时到位
		屈伸技术	在完成动作时,膝盖松弛,膝部有规律屈伸
		节拍口令	准确说出节拍:1、2、3、4
套路	民族类风格套路	熟练性	熟练完成套路,允许出现2次错误,每次不超过4拍
		舞步运用	正确运用6个舞步
		音乐运用	动作与音乐吻合,失去节奏不超过8拍
		协调性	身体各部位动作协调,僵硬不协调不超过8拍
		风格表现	动作、情绪与藏族舞风格相吻合,体现膝盖松弛以及膝部的屈伸等技术
		上肢动作创编	呈现4次不同的上肢动作创编
	古巴类风格套路	熟练性	熟练完成套路,允许出现2次错误,每次不超过4拍
		舞步运用	正确运用6个舞步,&拍动作清晰,转体稳定、角度准确

续表

测评内容		观测点	合格要求
套路	古巴类风格套路	音乐运用	动作与音乐吻合,失去节奏不超过 8 拍
		协调性	身体各部位动作协调,僵硬不协调不超过 8 拍
		风格表现	动作、情绪与古巴类风格相吻合,体现髋部的摆、绕以及脚步移动中的重心变化
		上肢动作创编	呈现 4 次不同的上肢动作创编

4.2.4.2 四级测评内容所有观测点均应达到表 4 规定的合格要求,每名测评员均判定合格后即为达标。

解 读

1 伦巴盒步

节拍数:八拍;节奏:一拍一动;节拍口令:1、2、3、4、5、6、7、8。

动作做法:(以右脚为例)1 - 右脚向右迈一步;2 - 左脚并步;3 - 右脚前进;4 - 停顿;5 - 左脚经右脚向左一步;6 - 右脚并步;7 - 左脚后退;8 - 停顿。

动作规格:1 拍迈步,步幅要大,2 拍左脚并住右脚,3 拍右脚向前迈一步,重心在右脚,4 拍保持不动,5 拍左脚运动轨迹应为左脚向前经过右脚旁,再向左迈一大步,重心停留在左脚,6 拍右脚并在左脚旁,重心转移至右脚,7 拍左脚后退一步,8 拍保持不动。(图 5-1)

| 预备 | 1 | 2 | 3 | 4 |

图 5-1 伦巴盒步

图 5-1　伦巴盒步

合格要求：准备姿势规范，身体姿态端正，精神饱满。舞步按照动作方法和规格连贯完成，节拍口令声音洪亮、清晰。重心转移及时、清晰、准确、自然，动作中保持平稳。舞步清晰，呈现方形轨迹。

2　弦子步

节拍数：四拍；节奏：一拍一动；节拍口令：1、2、3、4。

动作方法：1 – 右脚向右侧一步；2 – 左脚向前交叉；3 – 右脚向右侧一步；4 – 左脚点地。

动作规格：迈步明显且轻盈，身体微前倾，扣胯，双肩放松下沉。（图 5-2）

预备　　1　　2　　3　　4

图 5-2　弦子步

合格要求：准备姿势规范，身体姿态端正，精神饱满。舞步按照动作方法和规格连贯完成，节拍口令声音洪亮、清晰。重心转移及时、清晰、准确、自然，膝盖松弛，膝部有规律地屈伸。

3 民族类风格套路

本套路是民族类藏族风格套路。民族类风格套路自由活泼、音乐欢快热情，具有民族风情。藏族舞强调脚步的沉和拖，重心向下，膝盖松弛，膝部有规律地屈伸，躯干微前倾，手臂随下肢做甩、撩、摆袖等动作，体现流动的造型美。

本套路包含的基本舞步和动作：颤步、弦子步、退踏步、三连步转、曼波步、剪刀步。

颤步

节拍数：两拍；节奏：一拍一动；节拍口令：1、2。

动作方法：1 – 右脚颤膝踏步；2 – 左脚颤膝踏步。

动作规格：颤膝踏步明显且体态轻盈，需塌腰、屈膝、低重心。（图 5-3）

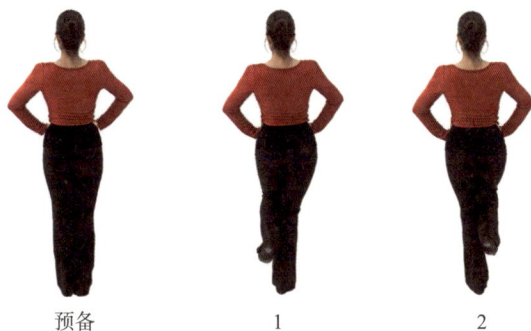

| 预备 | 1 | 2 |

图 5-3 颤步

退踏步

节拍数：两拍；节奏：两拍三动；节拍口令：1、&、2。

动作方法：（以右脚为例）1 – 右脚后踏；&– 左脚原地踏步；2 – 右脚前踏。

动作规格：1 拍右脚后踏需重踏且退步幅度稍大，& 拍左脚需原地重踏，2 拍右脚需向前重踏，重心移动明显。（图 5-4）

预备　　　　　1　　　　　&　　　　　2

图5-4　退踏步

三连步转

节拍数：两拍；节奏：两拍三动；节拍口令：1、&、2。

动作方法：（以右转180°为例）面向12：00。1 - 右脚向前迈一步；& - 左脚并右脚（或锁在右脚后、或前进一步），重心在左脚；2 - 右转三步，面向6：00，右脚前踏，重心在右脚，3步完成转体。

动作规格：方向正，身体直。&拍时重心需换在左腿同时进行蹬转，转体时需注意身法，控制好身体重心。（图5-5）

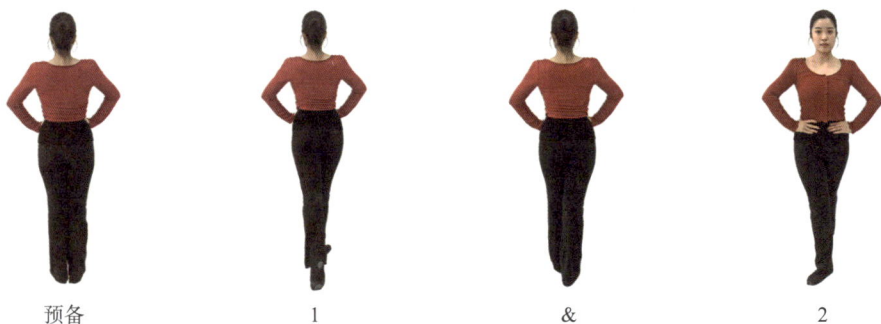

预备　　　　　1　　　　　&　　　　　2

图5-5　三连步转

剪刀步

节拍数：两拍；节奏：两拍三动；节拍口令：1、&、2。

动作方法：（以右剪刀步为例）1- 右脚右踏；&- 左脚并步；2- 右脚前交叉。

动作规格：1拍右脚旁迈时稍宽于肩，&拍并脚时，双脚完全并拢，2拍前交叉明显，重心移动明显。（图5-6）

| 预备 | 1 | & | 2 |

图 5-6 剪刀步

民族类风格套路舞谱如下：

表 A.4 四级套路舞谱：民族类——藏族

1—8	颤步
1&2&	(1)右脚颤膝前踏(&)左脚颤膝踏步(2)右脚颤膝踏步(&)左脚颤膝踏步
3&4&	(3)右脚颤膝前踏(&)左脚颤膝踏步(4)右脚颤膝踏步(&)左脚颤膝踏步
5—8	(5)右脚右踏(6)左脚脚跟侧点(7)左脚左踏(8)右脚脚跟侧点
9—16	弦子步
1—4	(1)右脚右踏(2)左脚前交叉(3)右脚右踏(4)左脚脚跟侧点
5—8	(5)左脚左踏(6)右脚前交叉(7)左脚左踏(8)右脚脚跟侧点
17—24	退踏步，三连步转
1&2	(1)右脚后踏(&)左脚原地踏步(2)右脚前踏，重心在左脚
3&4	(3)右脚后踏(&)左脚原地踏步(4)右脚前踏，重心在左脚
5&6	(5)右转90°，右脚前踏，面向3:00(&)右转90°，左脚前踏，面向6:00(6)右转180°，右脚前踏，面向12:00
7&8	(7)左转90°，左脚前踏，面向9:00(&)右转90°，右脚前踏，面向6:00(8)左转180°，左脚前踏，面向12:00
25—32	曼波步，后交叉点地，剪刀步
1&2	(1)右脚前踏(&)重心回左脚(2)右脚后交叉点地
3&4	(3)右脚前脚掌后交叉踏(&)右转90°，左脚原地踏，面向3:00(4)右转90°，右脚前脚掌原地踏，面向6:00
5&6	(5)右脚向右一步(&)左脚并右脚(6)右脚前交叉
7&8	(7)左脚向左一步(&)右脚并左脚(8)左脚前交叉

合格要求：熟练完成套路，完成过程中允许出现不超过2次的动作失误，每次失误均不超过4个节拍。动作与音乐吻合，失去节奏不能超过8个节拍。动作协调，准确运用6个舞步，要呈现4次不同的上肢动作创编，情绪与藏族舞风格相吻合，体现膝盖

松弛以及膝部屈伸等技术。

④ 古巴类风格套路

本套路是古巴类曼波风格套路，曼波舞强调髋部的摆、绕，以及脚步前后左右的重心变化，风格情绪是幽默轻松。

本套路所含基本舞步：曼波步、恰恰步、伦巴盒步、摇摆步、踢换脚。

曼波步

舞步节拍数：两拍；节奏：两拍三动；节拍口令：1、&、2。

动作方法：1- 右脚前踏；& - 左脚原地踏，重心回左脚；2- 右脚并步。

动作规格：上步明显，重心前移，动作连贯。（图5-7）

| 预备 | 1 | & | 2 |

图 5-7　曼波步

恰恰步

节拍数：两拍；节奏：两拍三动；节拍口令：1、&、2。

动作做法：（以右进恰恰步为例）1 - 右脚前踏；& - 左脚并右脚；2- 右脚前踏。

动作规格：向前迈步时，重心移至前脚，后脚脚尖着地。（图5-8）

| 预备 | 1 | & | 2 |

图 5-8　恰恰步

摇摆步

节拍数：两拍；节奏：一拍一动；节拍口令：1、2。

动作方法：（以右前摇摆为例）1 - 右脚向前；2 - 重心回左脚。

动作规格：2拍注意重心的转移。（图5-9）

预备　　　　　　　　1　　　　　　　　2

图 5-9　摇摆步

古巴类风格套路舞谱如下：

表 A.5　四级套路舞谱：古巴类——曼波

1—8	**曼波步**
1&2	(1)右脚向右一步(&)重心回左脚(2)右脚并左脚
3&4	(3)左脚向左一步(&)重心回右脚(4)左脚并右脚
5&6	(5)右脚前进(&)重心回左脚(6)右脚并左脚
7&8	(7)左脚后退(&)重心回右脚(8)左脚并右脚
9—16	**侧踏，并脚，右恰恰步，侧踏，并脚，左恰恰步**
1—2	(1)右脚右踏(2)左脚并右脚
3&4	(3)右脚向右一步(&)左脚并步(4)右脚向右一步
5—6	(5)左脚左踏(6)右脚并左脚
7&8	(7)左脚向左一步(&)右脚并步(8)左脚向左一步
17—24	**前踏，侧点，前踏，侧点，侧点转**
1—4	(1)右脚前踏(2)左脚尖侧点(3)左脚前踏(4)右脚尖侧点
5—8	(5)左转45°，右脚侧点，面向10:30(6)左转45°，右脚侧点，面向9:00(7)左转45°，左脚侧点，面向7:30 (8)左转45°，右脚并左脚，面向6:00
25—32	**伦巴盒步，摇摆步，踢换脚**
1&2 3&4	(1)左脚向左一步(&)右脚并步(2)左脚前进 (3)右脚经左脚旁向右一步(&)左脚并步(4)右脚后退
5—6	(5)左脚后退(6)重心回右脚
7&8	(7)左脚前踢(&)左脚并右脚(8)右脚原地踏，重心在中间

　　合格要求：熟练完成套路，完成过程中允许出现不超过 2 次的动作失误，每次失误均不超过 4 个节拍。动作与音乐吻合，失去节奏不能超过 8 个节拍。动作协调，准确运用 6 个舞步。& 拍动作清晰，转体稳定且角度准确。要呈现 4 次不同的上肢动作创编，动作、情绪与古巴类风格相吻合。

二、四级测评方法

5.6　四级测评

5.6.1　单个技能——伦巴盒步

受测者测试步骤如下：

a)　受测者在准备区候场，经测评员同意后进入测试区，面向测评员，保持两脚并拢、双手叉腰、两眼平视；

b)　听到指令后举手示意，10 s 内独立数节拍，完成伦巴盒步动作；

c)　测试结束后还原成立正姿势，等待测评指令。

每名受测者 1 次测试机会。

5.6.2　单个技能——弦子步

受测者测试步骤如下：

a)　受测者面向测评员，保持两脚并拢、双手叉腰、两眼平视；

b)　听到指令后举手示意，10 s 内独立数节拍，完成弦子步动作；

c)　测试结束后还原成立正姿势，致谢退场。

每名受测者 1 次测试机会。

5.6.3　套路——民族类风格套路

受测者测试步骤如下：

a)　受测者在准备区候场，经测评员同意后进入测试区，面向测评员；

b)　听到指令后，跟随音乐完成民族类风格套路的测试；

c)　按表 A.4 规定舞谱进行测试，测试结束后还原成立正姿势，致谢退场。

每名受测者 1 次测试机会。

5.6.4　套路——古巴类风格套路

受测者测试步骤如下：

a)　受测者在准备区候场，经测评员同意后进入测试区，面向测评员；

b)　听到指令后，跟随音乐完成古巴类风格套路的测试；

c)　按表 A.5 规定舞谱进行测试，测试结束后还原成立正姿势，致谢退场。

每名受测者 1 次测试机会。

解 读

排舞运动能力四级测评共 4 项内容，其中单个技能测评包括伦巴盒步和弦子步，套路测评为民族类风格套路和古巴类风格套路，由 3 名测评员对受测者进行测评。

❶ 单个技能测评

（1）受测者佩戴号码牌，按照要求在准备区候场，等待测评员指令。

（2）听到入场指令后，按照要求在测试区完成伦巴盒步和弦子步的展示，随后退场。

（3）受测者应在测试前明确两个测试舞步的合格要求，并严格按照步骤完成测试。

（4）每位受测者仅有 1 次测试机会。

❷ 套路——民族类及古巴类风格套路测评

（1）受测者佩戴号码牌，按照要求在准备区候场，等待测评员指令。

（2）听到入场指令后，按照要求在测试区完成 4 遍套路舞步的展示，随后退场。

（3）呈现 4 次不同的上肢动作创编。

（4）测试音乐包括但不限于测评视频中的配乐，可按照民族类、古巴类风格自行选择配乐，要求音乐风格与测试套路风格一致，音乐结构完整。

（5）受测者应在测试前明确套路的具体要求，并严格按照步骤完成测试。

（6）每位受测者仅有 1 次测试机会。

三、四级测评工具

四级测评成绩记录表见表 5-1 至表 5-4，达标记录表见表 5-5。每个观测点均达到要求，该项测评内容为合格；4 项测评内容均合格为达标。

表5-1　伦巴盒步成绩记录表

姓名	观测点					合格情况
	身体姿态（双脚并拢，双手叉腰，身体保持直立，抬头挺胸收腹，目视正前方）	舞步完成（按照伦巴盒步动作规格完成，舞步连贯无卡顿）	重心移动（左右脚移动重心及时到位，身体保持重心平稳）	节拍口令（准确说出节拍：1、2、3、4、5、6、7、8）	动作轨迹（舞步清晰，呈现方形轨迹）	
×××	√	×	√	√	√	×
注：根据各观测点及整体合格情况在相应表格里画"√"或"×"						
测评员：			记录时间：　　年　月　日			

表5-2　弦子步成绩记录表

姓名	观测点					合格情况
	身体姿态（双脚并拢，双手叉腰，身体微前倾，扣胯，双肩放松下沉，目视正前方）	舞步完成（按照弦子步动作规格完成，舞步连贯无卡顿）	重心移动（左右脚移动重心及时到位）	屈伸技术（在完成动作时，膝盖松弛，膝部有规律屈伸）	节拍口令（准确说出节拍：1、2、3、4）	
×××	√	√	√	√	√	√
注：根据各观测点及整体合格情况在相应表格里画"√"或"×"						
测评员：			记录时间：　　年　月　日			

表5-3　民族类风格套路成绩记录表

姓名	观测点						合格情况
	熟练性（熟练完成套路，允许出现2次错误，每次不超过4个节拍）	舞步运用（正确运用6个舞步）	音乐运用（动作与音乐吻合，失去节奏不超过8个节拍）	协调性（身体各部位动作协调，僵硬不协调不超过8个节拍）	风格表现（动作、情绪与藏族舞风格相吻合，体现膝盖松弛以及膝部的屈伸等技术）	上肢动作创编（呈现4次不同的上肢动作创编）	
×××	√	√	×	√	√	×	×
注：根据各观测点及整体合格情况在相应表格里画"√"或"×"							
测评员：			记录时间：　　年　月　日				

表5-4　古巴类风格套路成绩记录表

姓名	观测点						合格情况
	熟练性（熟练完成套路，允许出现2次错误，每次不超过4个节拍）	舞步运用（正确运用6个舞步，&拍动作清晰，转体稳定且角度准确）	音乐运用（动作与音乐吻合，失去节奏不超过8个节拍）	协调性（身体各部位动作协调，僵硬不协调不超过8个节拍）	风格表现（动作、情绪与古巴类风格相吻合，体现髋部的摆、绕以及脚步移动中的重心变化）	上肢动作创编（呈现4次不同的上肢动作创编）	
×××	√	√	√	√	√	√	√
注：根据各观测点及整体合格情况在相应表格里画"√"或"×"							
测评员：				记录时间：　　年　　月　　日			

表5-5　四级测评达标记录表

姓名	各项测评内容合格情况				达标情况
	伦巴盒步	弦子步	民族类风格套路	古巴类风格套路	
×××	×	√	×	√	×
注：根据各项测评内容合格情况及达标情况在相应表格里画"√"或"×"					
测评员：			记录时间：　　年　　月　　日		

四、四级测评操作视频

四级测评操作视频

第六章

排舞课程学生运动能力五级测评

一、五级达标要求

4.2.5 五级达标要求

4.2.5.1 五级测评内容及要求应符合表 5 的规定。

表 5　五级测评内容及要求

测评内容		观测点	合格要求
单个技能	兜风步	身体姿态	双脚并拢,双手叉腰,身体保持直立,抬头挺胸收腹,目视正前方
		舞步完成	按照兜风步动作规格完成,舞步连贯无卡顿
		重心移动	左右脚移动重心及时到位
		转体角度	转体角度准确,第 3 拍转体 90°,第 5 拍转体 180°,第 6 拍转体 90°
		节拍口令	准确说出节拍:1、2、3、4、5、6、7、8
	全转	身体姿态	双脚并拢,双手叉腰,身体保持直立,抬头挺胸收腹,目视正前方
		舞步完成	按照全转动作规格完成,舞步连贯无卡顿
		重心移动	左右脚移动重心及时到位
		转体角度	转体角度准确,第 1 拍转体 180°,第 2 拍转体 180°
		节拍口令	准确说出节拍:1、2
套路	平滑类风格套路	熟练性	熟练完成套路,允许出现 2 次错误,每次不超过 2 拍
		舞步运用	正确运用 8 个舞步,& 拍动作清晰,转体稳定、角度准确
		音乐运用	动作与音乐吻合,失去节奏不超过 4 拍
		协调性	身体各部位动作协调,僵硬不协调不超过 4 拍
		风格表现	动作、情绪与平滑类风格相吻合
		上肢动作创编	呈现 5 次不同的上肢动作创编
	街舞类风格套路	熟练性	熟练完成套路,允许出现 2 次错误,每次不超过 2 拍
		舞步运用	正确运用 8 个舞步,& 拍动作清晰,转体稳定、角度准确

续表

测评内容		观测点	合格要求
套路	街舞类风格套路	音乐运用	动作与音乐吻合,失去节奏不超过 4 拍
		协调性	身体各部位动作协调,僵硬不协调不超过 4 拍
		风格表现	动作、情绪与街舞类风格相吻合,身体律动性强,动作幅度大
		上肢动作创编	呈现 5 次不同的上肢动作创编

4.2.5.2 五级测评内容所有观测点均应达到表 5 规定的合格要求,每名测评员均判定合格后即为达标。

解 读

① 兜风步

节拍数：八拍；节奏：一拍一动；节拍口令：1、2、3、4、5、6、7、8。

动作方法：(以右脚为例)面向 12：00。1 – 右脚右踏；2- 左脚后交叉；3 – 右转 90° 右脚前踏,面向 3：00；4 – 左脚前踏；5 – 右转 180° 重心移至右脚,面向 9：00；6 – 右转 90° 左脚左踏,面向 12：00；7 – 右脚后交叉；8 – 左脚左踏。

动作规格：动作连贯,转体到位,身体保持正直。(图 6-1)

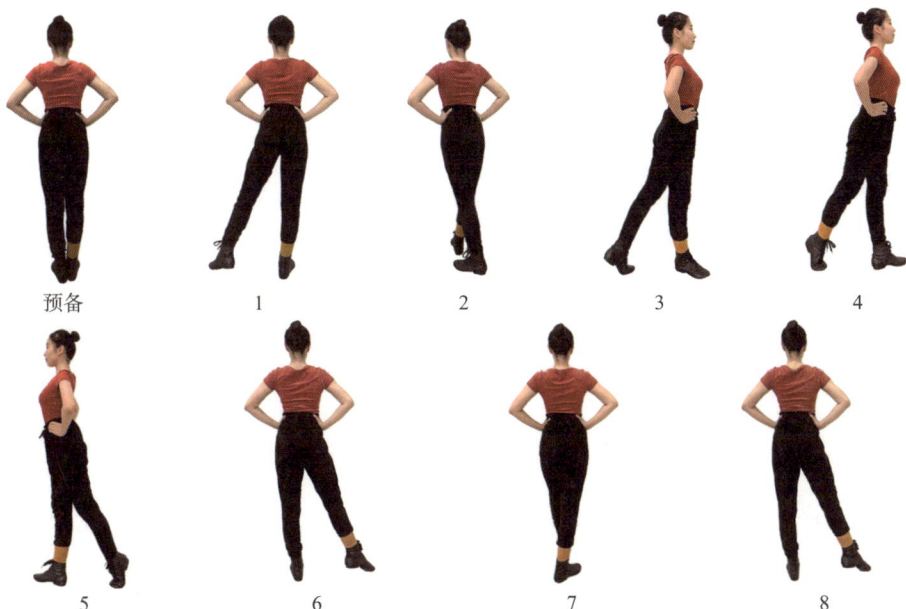

预备   1   2   3   4

5   6   7   8

图 6-1　兜风步

合格要求：准备姿势规范，身体姿态端正，精神饱满。舞步按照动作方法和规格连贯完成，节拍口令声音洪亮、清晰。重心移动及时、清晰、准确、自然，转体角度准确。

2 全转

节拍数：两拍；节奏：一拍一动；节拍口令：1、2。

动作方法：（以右全转为例）面向 12：00。1 – 右转 180° 左脚退一步；2 – 右转 180° 右脚进一步。

动作规格：旋转时要求留头，身体保持重心平稳，结束重心在右脚。（图 6-2）

| 预备 | 1 | 2 |

图 6-2　全转

合格要求：准备姿势规范，身体姿态端正，精神饱满。舞步按照动作方法和规格连贯完成，节拍口令声音洪亮、清晰。重心转移及时、清晰、准确、自然，转体角度准确，动作中保持平稳。

3 平滑类风格套路

本套路是平滑类西海岸摇摆风格套路。平滑类西海岸摇摆风格强调双脚紧贴地面，动作平滑流畅，强调重心平移。注重舞蹈与音乐的结合。风格情绪是帅气、放松。

本套路包含的基本舞步和动作：水手步、定轴转、海岸步、摇摆步、锁步、藤转、兜风步、全转、爵士盒步、扫腿。

定轴转

节拍数：两拍；节奏：一拍一动；节拍口令为1、2。

动作做法：（以1/4定轴转左转为例）1 – 右脚前踏，重心移至右脚；2 – 左转90°，重心移至左脚。

动作规格：1拍重心先移至右脚，左转90°，2拍重心移至左脚。动作连贯，转体到位，身体保持正直。（图6-3）

预备　　　　　　　　　　1　　　　　　　　　　2

图 6-3　定轴转

海岸步

节拍数：两拍；节奏：两拍三动；节拍口令：1、&、2。

动作做法：（以右海岸步为例）1 – 右脚后踏；& – 左脚并右脚；2- 右脚前踏。

动作规格：1拍向后迈步时，重心在后脚，2拍向前迈步时重心回到前脚。（图6-4）

预备　　　　　　　　1　　　　　　　　&　　　　　　　　2

图 6-4　海岸步

平滑类风格套路舞谱如下：

表 A.6　五级套路舞谱：平滑类——西海岸摇摆

1—8	前踏，水手步，定轴转
1—2	(1)右脚前踏(2)左脚前踏
3&4	(3)右脚后交叉(&)左脚左踏(4)右脚右踏
5&6	(5)左脚后交叉(&)右脚右踏(6)左脚左踏
7—8	(7)右脚前进(8)左转180°，重心移至左脚，面向6:00
9—16	前踏，水手步，定轴转
1—2	(1)右脚前踏(2)左脚前踏
3&4	(3)右脚后交叉(&)左脚左踏(4)右脚右踏
5&6	(5)左脚后交叉(&)右脚右踏(6)左脚左踏
7—8	(7)右脚前进(8)左转180°，重心移至左脚，面向12:00
17—24	前进，后退，海岸步，反向海岸步，摇摆步
1—2	(1)右脚前进一步(2)右转180°，左脚后退一步，面向6:00
3&4	(3)右脚后退一步(&)左脚并右脚(4)右脚前进一步
5&6	(5)左脚前进一步(&)右脚并左脚(6)左脚后退一步
7—8	(7)右脚后退一步(8)重心回左脚
25—32	前进，后退，海岸步，反向海岸步，摇摆步
1—2	(1)右脚前进一步(2)右转180°，左脚后退一步，面向12:00
3&4	(3)右脚后退一步(&)左脚并右脚(4)右脚前进一步
5&6	(5)左脚前进一步(&)右脚并左脚(6)左脚后退一步
7—8	(7)右脚后退一步(8)重心回左脚
33—40	锁步，藤转
1&2&3&4	(1)右转90°右脚前进一步，面向3:00(&)左脚锁在右脚后(2)右脚前进一步(&)左脚锁在右脚后(3)右脚前进一步(&)左脚锁在右脚后(4)右脚前进一步
5—8	(5)左转180°左脚进，面向9:00(6)右转180°右脚退，面向3:00 (7)右转90°左脚向左一步，面向12:00(8)右脚并左脚
41—48	兜风步
1—4	(1)右脚向右一步(2)左脚后交叉(3)右转90°右脚进，面向3:00(4)左脚进
5—8	(5)右转180°重心放右脚，面向9:00(6)右转90°左脚向左一步，面向12:00(7)右脚后交叉(8)左脚向左一步
49—56	蹲起，前踏，全转
1—4	(1)右脚右踏，两腿屈膝(2)重心到右脚，左脚尖左侧点地，两腿伸直(3)左脚左踏，两腿屈膝(4)重心到左脚，右脚尖点地，两腿伸直
5—6	(5)右脚前进一步(6)左脚前进一步
7—8	(7)左转180°右脚后退一步，面向6:00(8)左转180°左脚前进一步，面向12:00
57—64	爵士盒步，扫腿
1—4	(1)右脚前交叉(2)左脚后退一步(3)右脚向右一步(4)左脚前交叉
5—8	(5)右脚后踏同时左脚由前向后扫腿(6)左脚后踏同时右脚由前向后扫腿 (7)右脚后踏同时左脚由前向后扫腿(8)左脚后踏

合格要求：熟练完成套路，完成过程中允许出现不超过 2 次的动作失误，每次失误均不超过 2 个节拍。动作与音乐吻合，失去节奏不超过 4 个节拍。动作协调，准确运用 8 个舞步，& 拍动作清晰，转体稳定，角度准确。要呈现 5 次不同的上肢动作创编，情绪与平滑类风格相吻合。

④ 街舞类风格套路

本套路是街舞类嘻哈风格套路。街舞类嘻哈风格是一种展示步法和身体动作的舞蹈，是强调手臂、腿部的弯曲以及身体拉伸和抖动的舞种。这种风格套路注重律动，动作幅度大，张力和表现力强，风格情绪是酷、帅、自由洒脱、有态度。

本套路包含的基本舞步和动作：开关步、兜风步、全转、曼波步、侧踹、扇形步、摇椅步、海岸步。

侧踹

节拍数：一拍；节奏：一拍两动；节拍口令：1、&。

动作做法：（以右脚侧踹为例）1 – 右脚向右踹出，同时左脚向右滑动，& – 右脚收回吸腿，同时左脚回原位。

动作规格：步幅适中，& 拍吸腿要快。（图 6-5）

预备   1   &

图 6-5　侧踹

扇形步

节拍数：两拍；节奏：一拍一动；节拍口令：1、2。

动作方法：（以脚尖扇形步为例）1 – 单（双）脚尖向外（向内）平展；2 – 脚尖还原。

动作规格：脚尖平展清晰、准确，动作协调。（图 6-6）

预备   1   2

图 6-6 扇形步

街舞类风格套路舞谱如下：

表 A.7 五级套路舞谱:街舞类——嘻哈

1—8	脚尖开关步,侧踏,并脚
1—4	(1)左脚尖前点地(2)左脚还原(3)右脚尖前点地(4)右脚还原
5—8	(5)左脚向左一步(6)右脚并左脚(7)右脚向右一步(8)左脚并右脚
9—16	兜风步
1—4	(1)右脚向右一步(2)左脚后交叉(3)右转 90°右脚进,面向 3:00(4)左脚进
5—8	(5)右转 180°重心放右脚,面向 9:00(6)右转 90°左脚向左一步,面向 12:00(7)右脚后交叉(8)左脚向左一步
17—24	原地踏,侧踏,并脚
1—4	(1)右脚原地踏(2)左脚原地踏,重心在中间(3)左脚向左一步(4)右脚并左脚
5—8	(5)左脚原地踏(6)右脚原地踏,重心在中间(7)右脚向右一步(8)左脚并右脚
25—32	前踏,全转,曼波步,侧踹
1—4	(1)左脚前进(2)右脚前进(3)右转 180°左脚后踏,面向 6:00(4)右转 180°右脚前进,面向 12:00
5&6	(5)左脚向左一步(&)重心回右脚(6)左脚并右脚
7&8	(7)右脚侧踹(&)吸右腿(8)右脚并左脚
33—40	跳,跟点,脚跟开关步
1—2	(1)双脚同时跳起,双脚落地(2)双脚同时跳起,双脚落地
3&4	(3)右脚跟侧点(&)右脚微抬(4)右脚跟侧点
5—8	(5)右脚并左脚(6)左脚跟侧点(7)左脚向右脚(8)右脚跟侧点
41—48	脚跟扇形步,摇椅步
1&2&3&4	(1)右脚前脚掌前点,脚跟向右平展(&)右脚跟向左转回(2)右脚跟向右平展(&)右脚跟还原(3)右脚跟向右平展(&)右脚跟还原(4)右脚原地踏
5—8	(5)左脚前进(6)重心回右脚(7)左脚后退同时吸右腿(8)右腿落,重心回右脚

续表

49—56	踢，海岸步，侧踏，并
1—2	(1)左脚右前踢(2)左脚左侧踢
3&4	(3)左脚后退(&)右脚并左脚(4)左脚前进
5—8	(5)右脚右踏，两腿屈膝(6)左转90°左脚并右脚，两腿伸直，面向9:00 (7)左脚右踏，两腿屈膝(8)右转90°右脚并左脚，两腿伸直，面向12:00
57—64	曼波步，点地，前踏，并脚
1&2	(1)右脚向右一步左脚侧踢(&)左脚还原，重心回左脚(2)右脚并左脚
3—4	(3)左脚尖侧点地，屈左膝外展(4)左转180°左脚跟落同时右脚尖侧点地，屈右膝外展，面向6:00
5—8	(5)右脚跟落下同时左脚尖侧点地，屈左膝外展(6)停顿(7)左转90°左脚原地踏，面向3:00(8)左转90°右脚并左脚，面向12:00

合格要求：熟练完成套路，完成过程中允许出现不超过2次的动作失误，每次失误不超过2个节拍。动作与音乐吻合，失去节奏不超过4个节拍。动作协调，准确运用8个舞步，&拍动作清晰，转体稳定，角度准确。要呈现5次不同的上肢动作创编，动作、情绪与街舞类风格相吻合，身体律动性强，动作幅度大。

二、五级测评方法

5.7 五级测评

5.7.1 单个技能——兜风步

受测者测试步骤如下：

a) 受测者在准备区候场，经测评员同意后进入测试区，面向测评员，保持两脚并拢、双手叉腰、两眼平视；

b) 听到指令后举手示意，10 s内独立数节拍，完成兜风步动作；

c) 测试结束后还原成立正姿势，等待测评指令。

每名受测者1次测试机会。

5.7.2 单个技能——全转

受测者测试步骤如下：

a) 受测者面向测评员，保持两脚并拢、双手叉腰、两眼平视；

b) 听到指令后举手示意，10 s内独立数节拍，完成全转动作；

c) 测试结束后还原成立正姿势，致谢退场。

每名受测者1次测试机会。

5.7.3 套路——平滑类风格套路

受测者测试步骤如下：

a) 受测者在准备区候场,经测评员同意后进入测试区,面向测评员;

b) 听到指令后,跟随音乐完成平滑类风格套路的测试;

c) 按表 A.6 规定舞谱进行测试,测试结束后还原成立正姿势,致谢退场。

每名受测者 1 次测试机会。

5.7.4 套路——街舞类风格套路

受测者测试步骤如下:

a) 受测者在准备区候场,经测评员同意后进入测试区,面向测评员;

b) 听到指令后,跟随音乐完成街舞类风格套路的测试;

c) 按表 A.7 规定舞谱进行测试,测试结束后还原成立正姿势,致谢退场。

每名受测者 1 次测试机会。

解 读

排舞运动能力测评共 4 项内容,其中单个技能测评包括兜风步和全转,套路测评为平滑类风格套路和街舞类风格套路,由 3 名测评员对受测者进行测评。

❶ 单个技能测评

(1)受测者佩戴号码牌,按照要求在准备区候场,等待测评员指令。

(2)听到入场指令后,按照要求在测试区完成兜风步和全转的展示,随后退场。

(3)受测者应在测试前明确两个测试舞步的合格要求,并严格按照步骤完成测试。

(4)每位受测者仅有 1 次测试机会。

❷ 套路——平滑类及街舞类风格套路测评

(1)受测者佩戴号码牌,按照要求在准备区候场,等待测评员指令。

(2)听到入场指令后,按照要求在测试区完成 4 遍套路舞步的展示,随后退场。

(3)呈现 5 次不同的上肢动作创编。

(4)测试音乐包括但不限于测评视频中的配乐,可按照平滑类、街舞类风格自行选择配乐,要求音乐风格与测试套路风格一致,音乐结构完整。

(5)受测者应在测试前明确套路的具体要求,并严格按照步骤完成测试。

(6)每位受测者仅有 1 次测试机会。

三、五级测评工具

五级测评成绩记录表见表 6-1 至表 6-4，达标记录表见表 6-5。每个观测点均达到要求，该项测评内容为合格；4 项测评内容均合格为达标。

表 6-1　兜风步成绩记录表

姓名	观测点					合格情况
	身体姿态（双脚并拢，双手叉腰，身体保持直立，抬头挺胸收腹，目视正前方）	舞步完成（按照兜风步动作规格完成，舞步连贯无卡顿）	重心移动（左右脚移动重心及时到位）	转体角度（转体角度准确，3拍转体90°，5拍转体180°，6拍转体90°）	节拍口令（准确说出节拍：1、2、3、4、5、6、7、8）	
×××	√	√	√	√	√	√
注：根据各观测点及整体合格情况在相应表格里画"√"或"×"						
测评员：			记录时间：　　年　月　日			

表 6-2　全转成绩记录表

姓名	观测点					合格情况
	身体姿态（双脚并拢，双手叉腰，身体保持直立，抬头挺胸收腹，目视正前方）	舞步完成（按照全转动作规格完成，舞步连贯无卡顿）	重心移动（左右脚移动重心及时到位）	转体角度（转体角度准确，1拍转体180°，2拍转体180°）	节拍口令（准确说出节拍：1、2）	
×××	√	√	√	×	√	×
注：根据各观测点及整体合格情况在相应表格里画"√"或"×"						
测评员：			记录时间：　　年　月　日			

表6-3　平滑类风格套路成绩记录表

姓名	观测点						合格情况
	熟练性（熟练完成套路，允许出现2次错误，每次不超过2个节拍）	舞步运用（正确运用8个舞步，＆拍动作清晰，转体稳定、角度准确）	音乐运用（动作与音乐吻合，失去节奏不超过4个节拍）	协调性（身体各部位动作协调，僵硬不协调不超过4个节拍）	风格表现（动作、情绪与平滑类风格相吻合）	上肢动作创编（呈现5次不同的上肢动作创编）	
×××	√	×	×	√	√	√	×
注：根据各观测点及整体合格情况在相应表格里画"√"或"×"							
测评员：				记录时间：　　年　　月　　日			

表6-4　街舞类风格套路成绩记录表

姓名	观测点						合格情况
	熟练性（熟练完成套路，允许出现2次错误，每次不超过2个节拍）	舞步运用（正确运用8个舞步，＆拍动作清晰，转体稳定、角度准确）	音乐运用（动作与音乐吻合，失去节奏不超过4个节拍）	协调性（身体各部位动作协调，僵硬不协调不超过4个节拍）	风格表现（动作、情绪与街舞类风格相吻合，身体律动性强，动作幅度大）	上肢动作创编（呈现5次不同的上肢动作创编）	
×××	√	√	√	√	√	√	√
注：根据各观测点及整体合格情况在相应表格里画"√"或"×"							
测评员：				记录时间：　　年　　月　　日			

表 6-5　五级测评达标记录表

姓名	各项测评内容合格情况				达标情况
	兜风步	全转	平滑类风格套路	街舞类风格套路	
×××	√	×	×	√	×
注：根据各项测评内容合格情况及达标情况在相应表格里画"√"或"×"					
测评员：		记录时间：　　　年　月　日			

四、五级测评操作视频

五级测评操作视频

第七章

排舞课程学生运动能力六级测评

一、六级达标要求

4.2.6　六级达标要求

4.2.6.1　六级测评内容及要求应符合表6的规定。

表6　六级测评内容及要求

测评内容		观测点	合格要求
单个技能	钻石步	身体姿态	双脚并拢,双手叉腰,身体保持直立,抬头挺胸收腹,目视正前方
		舞步完成	按照钻石步动作规格完成,舞步连贯无卡顿
		重心移动	左右脚移动重心及时到位
		节拍口令	准确说出节拍:1、2、&、3、4、&、5、6、&、7、8、&
		转体角度	转体角度准确,每次转体45°
	螺旋转	身体姿态	双脚并拢,双手叉腰,身体保持直立,抬头挺胸收腹,目视正前方
		舞步完成	按照螺旋转动作规格完成,舞步连贯无卡顿
		身体控制	转体平稳,无偏移
		节拍口令	准确说出节拍:1、2
		转体角度	转体角度准确,第2拍转体360°
套路	升降起伏类风格套路	熟练性	熟练完成套路,允许出现2次错误,每次不超过2拍
		舞步运用	正确运用8个舞步,&拍动作清晰,转体稳定、角度准确
		音乐运用	动作与音乐吻合,失去节奏不超过4拍
		协调性	身体各部位动作协调,僵硬不协调不超过4拍
		风格表现	动作、情绪与升降起伏类风格相吻合;动作连绵、流畅,重心上下起伏
		上肢动作创编	呈现6次不同的上肢动作创编
	原创舞步组合	音乐选择	音乐主题积极向上
		音乐时长	音乐时长1 min 30 s~2 min
		舞步个数	至少有4个舞步
		完成质量	熟练完成并准确呈现舞步,允许出现2次错误,每次不超过2拍
		动作与音乐的配合	动作编排、演示与音乐风格相吻合,失去节奏不超过4拍
		协调性和表现力	身体协调,有表现力

4.2.6.2　六级测评内容所有观测点均应达到表6规定的合格要求,每名测评员均判定合格后即为达标。

解 读

① 钻石步

节拍数：八拍；节奏：八拍十二动；节拍口令：1、2、&、3、4、&、5、6、&、7、8、&。

动作方法：面向 12：00。1 – 左脚左踏；2 – 右转 45° 右脚后踏，面向 1：30；& – 左脚后踏；3 – 右转 45° 右脚右踏，面向 3：00；4 – 右转 45° 左脚前踏，面向 4：30；& – 右脚前踏；5 – 右转 45° 左脚左踏，面向 6：00；6 – 右转 45° 右脚后踏，面向 7：30；& – 左脚后踏；7 – 右转 45° 右脚右踏，面向 9：00；8 – 右转 45° 左脚前踏，面向 10：30；& – 右脚前踏。

动作规格：注意转体的角度、方向以及每拍的重心移动。（图 7–1）

合格要求：准备姿势规范，身体姿态端正，精神抖擞。舞步按照动作方法和规格连贯完成，节拍口令声音洪亮、清晰。重心转移及时、清晰、准确、自然。

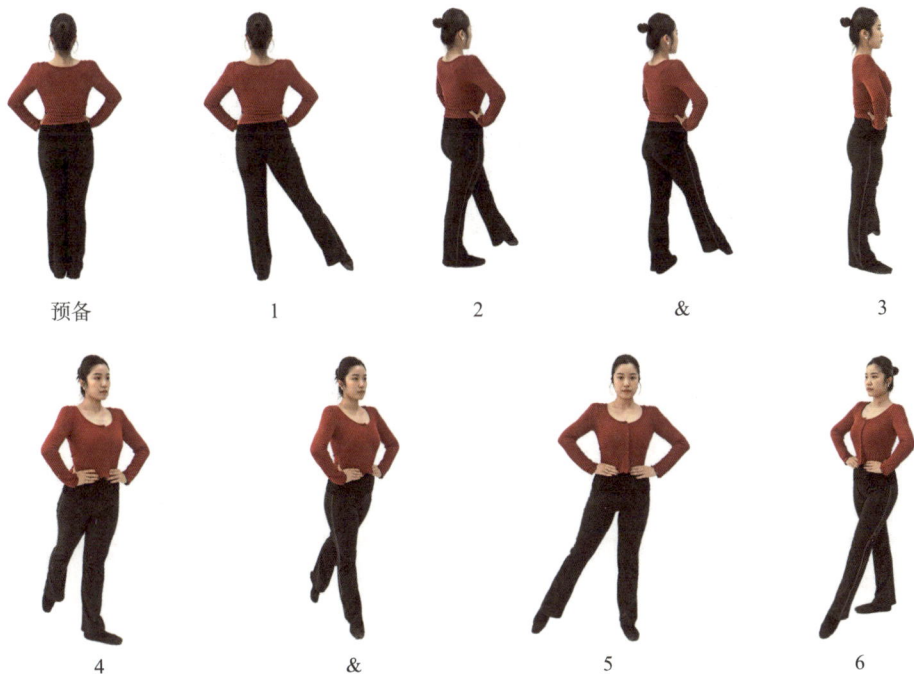

| 预备 | 1 | 2 | & | 3 |

| 4 | & | 5 | 6 |

图 7–1　钻石步

      &   7   8   &

图 7-1　钻石步（续）

② 螺旋转

节拍数：两拍；节奏：一拍一动；节拍口令：1、2。

动作方法：面向 12：00。1 - 右脚前踏一步；2 - 转体 360°。

动作规格：轴心在右脚，转体 360°，最后重心仍然落在右脚，动作连贯，转体到位，身体保持正直。注意保持轴心和重心的统一。（图 7-2）

    预备   1   2

图 7-2　螺旋转

合格要求：准备姿势规范，身体姿态端正，精神抖擞。舞步按照动作方法和规格连贯完成，节拍口令声音洪亮、清晰。重心转移及时、清晰、准确、自然，能准确呈现螺旋转的动作轨迹。

③ 升降起伏类风格套路

本套路是升降起伏类华尔兹风格套路，情绪优雅、轻快。在完成过程中尤其要注意脚步和重心的变换。移动轨迹多以斜角移动为主。

本套路包含的基本舞步和动作：闪烁步、纺织步、钻石步、摇摆步、海岸步、定轴转、全转、反抑制步、螺旋转。

闪烁步

节拍数：三拍；节奏：一拍一动；节拍口令：1、2、3。

动作方法：（以右脚为例）1 – 右脚前交叉；2– 左脚向左迈一步；3 – 右脚并左脚。

动作规格：1拍右脚前交叉一大步，2拍左脚左迈成开立，3拍双脚并立。（图7–3）

预备　　　　　　1　　　　　　2　　　　　　3

图 7-3　闪烁步

纺织步

节拍数：三拍；节奏：一拍一动；节拍口令：1、2、3。

动作方法：（以右脚为例）1 – 右脚前交叉；2– 左脚左踏；3 – 右脚后交叉。

动作规格：1拍前交叉要明显，2拍左脚向旁迈步，步幅要大，3拍后交叉清晰、准确。完成动作过程中脚步灵活，重心转换及时。（图7–4）

预备　　　　　　1　　　　　　2　　　　　　3

图 7-4　纺织步

反抑制步

节拍数：三拍；节奏：一拍一动；节拍口令：1、2、3。

动作方法：(以右反抑制步为例) 1 – 右脚前交叉；2 – 左脚原地踏，重心回左脚；3 – 右脚右踏。

动作规格：1 拍右脚向左前方迈步，步幅要大，重心落在右脚，2 拍重心回左脚，3 拍右脚右踏，成双脚开立姿势。(图 7-5)

预备　　　　　　　1　　　　　　　2　　　　　　　3

图 7-5　反抑制步

升降起伏类风格套路舞谱如下：

表 A.8　六级套路舞谱：升降起伏类——华尔兹

1—6	闪烁步,交叉,扫腿
1—3	(1)左脚前交叉(2)右脚向右一步(3)左脚经右脚旁再向左打开
4—6	(4)右脚前交叉(5—6)左脚由后向前扫腿
7—12	纺织步,侧踏,拖
1—3	(1)左脚前交叉(2)右脚向右一步(3)左脚后交叉
4—6	(4)右脚向右一大步(5—6)拖左脚靠近右脚
13—18	钻石步
1—3	(1)左脚左踏(2)右转 45°右脚后踏,面向 1:30(3)左脚后踏
4—6	(4)右转 45°右脚右踏,面向 3:00(5)右转 45°右脚前踏,面向 4:30(6)右脚前踏
19—24	钻石步
1—3	(1)右转 45°左脚左踏,面向 6:00(2)右转 45°右脚后踏,面向 7:30(3)左脚后踏
4—6	(4)右转 45°右脚右踏,面向 9:00(5)右转 45°右脚前踏,面向 10:30(6)右脚前踏
25—30	摇摆步,后踏,海岸步
1—3	(1)左脚前踏(2)重心回右脚(3)左脚后踏

续表

4—6	(4)右脚后踏(5)左脚并右脚(6)右脚前踏
31—36	**前踏,扫腿,纺织步**
1—3	(1)左脚前踏(2—3)右脚由前向后向上扫腿同时左转45°,面向9:00
4—6	(4)右脚前交叉(5)左脚向左一步(6)右脚后交叉
37—42	**前踏,定轴转,前踏,全转**
1—3	(1)左转90°左脚前踏,面向6:00(2)右脚前踏(3)左转180°,重心移到左脚,面向12:00
4—6	(4)右脚前踏(5)右转180°,左脚退,面向6:00(6)右转180°,右脚进,面向12:00
43—48	**反抑制步,螺旋转**
1—3	(1)左脚前交叉(2)重心回右脚(3)左脚左踏
4—6	(4)右脚前踏(5—6)以右脚为轴,左转一圈,重心在右脚,面向12:00

合格要求:熟练完成套路,完成过程中允许出现不超过2次的动作失误,每次失误均不能超过2个节拍。动作与音乐吻合,失去节奏不超过4个节拍。正确运用8个舞步,&拍动作清晰,转体稳定,角度准确。呈现6次不同的上肢动作创编,身体姿态良好,动作优美大方,并能表现出优雅端庄、积极向上的情绪风格。重心上下起伏明显,动作连续流畅。动作、情绪与升降起伏类风格相吻合。

4 原创舞步组合

原创舞步组合旨在测试受测者是否掌握基本舞步,能否灵活运用舞步并进行创编。具体要求如下:

(1)围绕排舞八大风格进行创编,内容不限。要求动作简单,至少包含4个排舞舞步,拍数32 ~ 48拍,完整展示4遍。

(2)音乐时长在1 min 30 s ~ 2 min,音乐内容健康、积极,音乐风格明显,前奏清晰易辨,所选音乐风格与舞蹈风格一致。

(3)原创舞步组合的舞谱必须注明舞蹈风格、音乐名称、前奏拍节、舞步拍节、动作方向、舞序等,且书写规范、清晰。

(4)身体协调,有表现力,能展示创编风格。舞步展示应熟练准确,可以有不超过2次的动作失误,每次失误不超过2个节拍。动作与音乐不匹配不能超过4个节拍。

二、六级测评方法

5.8.1　单个技能——钻石步

受测者测试步骤如下：

a)　受测者在准备区候场，经测评员同意后进入测试区，面向测评员，保持两脚并拢、双手叉腰、两眼平视；

b)　听到指令后举手示意，10 s内独立数节拍，完成钻石步动作；

5.8.2　单个技能——螺旋转

受测者测试步骤如下：

a)　受测者面向测评员，保持两脚并拢、双手叉腰、两眼平视；

b)　听到指令后举手示意，10 s内独立数节拍，完成螺旋转动作；

c)　测试结束后还原成立正姿势，致谢退场。

每名受测者1次测试机会。

5.8.3　套路——升降起伏类风格套路

受测者测试步骤如下：

a)　受测者在准备区候场，经测评员同意后进入测试区，面向测评员；

b)　听到指令后，跟随音乐完成升降起伏类风格套路的测试；

c)　按表 A.8 规定舞谱进行测试，测试结束后还原成立正姿势，致谢退场。

每名受测者1次测试机会。

5.8.4　套路——原创舞步组合

受测者测试步骤如下：

a)　受测者在准备区候场，经测评员同意后进入测试区，面向测评员；

b)　听到指令后，跟随音乐完成原创舞步组合的测试；

c)　测试结束后还原成立正姿势，致谢退场。

每名受测者1次测试机会。

解 读

排舞运动能力六级测评共4项内容，其中单个技能测评包括钻石步和螺旋转，套路测评为升降起伏类风格套路和原创舞步组合，由 3 名测评员对受测者进行测评。

1　单个技能测评

（1）受测者佩戴号码牌，按照要求在准备区候场，等待测评员指令。

（2）听到入场指令后，按照要求在测试区完成钻石步和螺旋转的展示，随后退场。

（3）受测者应在测试前明确两个测试舞步的合格要求，并严格按照步骤完成测试。

（4）每位受测者仅有 1 次测试机会。

② 套路——升降起伏类风格套路测评

（1）受测者佩戴号码牌，按照要求在准备区候场，等待测评员指令。

（2）听到入场指令后，按照要求在测试区完成 4 遍套路舞步的展示，随后退场。

（3）呈现 6 次不同的上肢动作创编。

（4）测试音乐包括但不限于测评视频中的配乐，可按照升降起伏类风格自行选择配乐，要求音乐风格与测试套路风格一致，音乐结构完整。

（5）受测者应在测试前明确套路的具体要求，并严格按照步骤完成测试。

（6）每位受测者仅有 1 次测试机会。

③ 套路——原创舞步组合的测评

（1）受测者佩戴号码牌，按照要求在准备区候场，等待测评员指令。

（2）听到入场指令后，向测评员提交舞谱和音乐，随后进入测评区，跟随音乐完成原创舞步组合的测试，测试结束后还原成立正姿势，致谢退场。

（3）受测者应在测试前明确舞步组合创编和测评的具体要求，并严格按照步骤完成测试。

（4）每位受测者仅有 1 次测试机会。

三、六级测评工具

六级测评成绩记录表见表 7-1 至表 7-4，达标记录表见表 7-5。每个观测点均达到要求，该项测评内容为合格；4 项测评内容均合格为达标。

表 7-1　钻石步成绩记录表

姓名	观测点					合格情况
	身体姿态（双脚并拢，双手叉腰，身体保持直立，抬头挺胸收腹，目视正前方）	舞步完成（按照钻石步动作规格完成，舞步连贯无卡顿）	重心移动（左右脚移动重心及时到位）	转体角度（转体角度准确，每次转体45°）	节拍口令（准确说出节拍：1、2、&、3、4、&、5、6、&、7、8、&）	
×××	√	√	√	×	√	×

注：根据各观测点及整体合格情况在相应表格里画"√"或"×"

测评员：　　　　　　　　　　　记录时间：　　年　月　日

表 7-2　螺旋转成绩记录表

姓名	观测点					合格情况
	身体姿态（双脚并拢，双手叉腰，身体保持直立，抬头挺胸收腹，目视正前方）	舞步完成（按照螺旋转动作规格完成，舞步连贯无卡顿）	身体控制（转体平稳，无偏移）	转体角度（转体角度准确，2拍完成360°转体）	节拍口令（准说出节拍：1、2）	
×××	√	√	√	√	√	√

注：根据各观测点及整体合格情况在相应表格里画"√"或"×"

测评员：　　　　　　　　　　　记录时间：　　年　月　日

表 7-3　升降起伏类风格套路成绩记录表

姓名	观测点						合格情况
	熟练性（熟练完成套路，允许出现2次错误，每次不超过2个节拍）	舞步运用（正确运用8个舞步，&拍动作清晰，转体稳定，角度准确）	音乐运用（动作与音乐吻合，失去节奏不超过4个节拍）	协调性（身体各部位动作协调，僵硬不协调不超过4个节拍）	风格表现（动作、情绪与升降起伏类风格相吻合；动作连续、流畅，重心上下起伏明显）	上肢动作创编（呈现6次不同的上肢动作创编）	
×××	√	√	√	√	√	√	√

注：根据各观测点及整体合格情况在相应表格里画"√"或"×"

测评员：　　　　　　　　　　　记录时间：　　　年　　月　　日

表 7-4　原创舞步组合成绩记录表

姓名	观测点						合格情况
	音乐选择（音乐主题积极向上）	音乐时长（音乐时长1 min 30 s ~ 2 min）	舞步个数（至少有4个舞步）	完成质量（熟练完成并准确呈现舞步，允许出现2次错误，每次不超过2个节拍）	动作与音乐的配合（动作编排、演示与音乐风格相吻合，失去节奏不超过4个节拍）	协调性和表现力（身体协调，有表现力）	
×××	√	√	√	×	×	√	×

注：根据各观测点及整体合格情况在相应表格里画"√"或"×"

测评员：　　　　　　　　　　　记录时间：　　　年　　月　　日

表7-5　六级测评达标记录表

姓名	各项测评内容合格情况				达标情况
	钻石步	螺旋转	升降起伏类风格套路	原创舞步组合	
×××	×	√	√	×	×
注：根据各项测评内容合格情况及达标情况在相应表格里画"√"或"×"					
测评员：		记录时间：　　　年　　月　　日			

四、六级测评操作视频

六级测评操作视频